Voyage autour de ma chambre

Xavier de Maistre

Books On Demand

CHAPITRE I

Qu'il est glorieux d'ouvrir une nouvelle carrière, et de paraître tout à coup dans le monde savant, un livre de découvertes à la main, comme une comète inattendue étincelle dans l'espace !

Non, je ne tiendrai plus mon livre in petto ; le voilà, messieurs, lisez. J'ai entrepris et exécuté un voyage de quarante-deux jours autour de ma chambre.

Les observations intéressantes que j'ai faites, et le plaisir continuel que j'ai éprouvé le long du chemin, me faisaient désirer de le rendre public ; la certitude d'être utile m'y a décidé.

Mon cœur éprouve une satisfaction inexprimable lorsque je pense au nombre infini de malheureux auxquels j'offre une ressource assurée contre l'ennui, et un adoucissement aux maux qu'ils endurent.

Le plaisir qu'on trouve à voyager dans sa chambre est à l'abri de la jalousie inquiète des hommes ; il est indépendant de la fortune.

Est-il, en effet, d'être assez malheureux, assez abandonné, pour n'avoir pas un réduit où il puisse se retirer et se cacher à tout le monde ?

Voilà tous les apprêts du voyage.

Je suis sûr que tout homme sensé adoptera mon système, de quelque caractère qu'il puisse être, et quel que soit son tempérament ; qu'il soit avare ou prodigue, riche ou pauvre, jeune ou vieux, né sous la zone torride ou près du pôle, il peut voyager comme moi ; enfin, dans l'immense famille des hommes qui fourmillent sur la surface de la terre, il n'en est pas un seul – non, pas un seul (j'entends, de ceux qui habitent des chambres) – qui puisse, après avoir lu ce livre, refuser son approbation à la nouvelle manière de voyager que j'introduis dans le monde.

CHAPITRE II

Je pourrais commencer l'éloge de mon voyage par dire qu'il ne m'a rien coûté ; cet article mérite attention. Le voilà d'abord prôné, fêté par les gens d'une fortune médiocre ; il est une autre classe d'hommes auprès de laquelle il est encore plus sûr d'un heureux succès, par cette même raison qu'il ne coûte rien. – Auprès de qui donc ? Et quoi ! vous le demandez ? C'est auprès des gens riches. D'ailleurs de quelle ressource cette manière de voyager n'est-elle pas pour les malades ? Ils n'auront point à craindre l'intempérie de l'air et des saisons. – Pour les poltrons, ils seront à l'abri des voleurs ; ils ne rencontreront ni précipices ni fondrières. Des milliers de personnes qui avant moi n'avaient point osé, d'autres qui n'avaient pu, d'autres enfin qui n'avaient pas songé à voyager, vont s'y résoudre à mon exemple. L'être le plus indolent hésiterait-il à se mettre en route avec moi pour se procurer un plaisir qui ne lui coûtera ni peine ni argent ? – Courage donc, partons. – Suivez-moi, vous tous qu'une mortification de l'amour, une négligence de l'amitié, retiennent dans votre appartement, loin de la petitesse et de la perfidie des hommes. Que tous les malheureux, les malades et les ennuyés de l'univers me suivent ! – Que tous les paresseux se lèvent en masse ! – Et vous qui roulez dans votre esprit des projets sinistres de réforme ou de retraite pour quelque infidélité ; vous qui, dans un boudoir, renoncez au monde pour la vie ; aimables anachorètes d'une soirée, venez aussi : quittez, croyez-moi, ces noires idées ; vous perdez un instant pour le plaisir sans en gagner un pour la sagesse : daignez m'accompagner dans mon voyage ; nous marcherons à petites journées, en riant, le long du chemin, des voyageurs qui ont vu Rome et Paris ; – aucun obstacle ne pourra nous arrêter ; et, nous livrant gaîment à notre imagination, nous la suivrons partout où il lui plaira de nous conduire.

CHAPITRE III

Il y a tant de personnes curieuses dans le monde !

Je suis persuadé qu'on voudrait savoir pourquoi mon voyage autour de ma chambre a duré quarante-deux jours au lieu de quarante-trois, ou de tout autre espace de temps ; mais comment l'apprendrai-je au lecteur, puisque je l'ignore moi-même ? Tout ce que je puis assurer, c'est que si l'ouvrage est trop long à son gré, il n'a pas dépendu de moi de le rendre plus court : toute vanité de voyageur à part, je me serais contenté d'un chapitre. J'étais, il est vrai, dans ma chambre avec tout le plaisir et l'agrément possible ; mais, hélas ! je n'étais pas le maître d'en sortir à ma volonté ; je crois même que, sans l'entremise de certaines personnes puissantes qui s'intéressaient à moi, et pour lesquelles ma reconnaissance n'est pas éteinte, j'aurais eu tout le temps de mettre un in folio au jour, tant les protecteurs qui me faisaient voyager dans ma chambre étaient disposés en ma faveur ?

Et cependant, lecteur raisonnable, voyez combien ces hommes avaient tort, et saisissez bien, si vous le pouvez, la logique que je vais vous exposer.

Est-il rien de plus naturel et de plus juste que de se couper la gorge avec quelqu'un qui vous marche sur le pied par inadvertance, ou bien qui laisse échapper quelque terme piquant dans un moment de dépit, dont votre imprudence est la cause, ou bien enfin qui a le malheur de plaire à votre maîtresse ?

On va dans un pré, et là, comme Nicole faisait avec le Bourgeois Gentilhomme, on essaie de tirer quarte lorsqu'il pare tierce : et, pour que la vengeance soit sûre et complète, on lui présente sa poitrine découverte, et on court risque de se faire tuer par son ennemi pour se venger de lui. – On voit que rien n'est plus conséquent, et toutefois on trouve des gens qui désapprouvent cette louable coutume ! Mais ce qui est aussi conséquent que tout le reste, c'est que ces mêmes personnes qui la désapprouvent et qui veulent qu'on la regarde comme une faute grave traiteraient encore plus mal celui qui refuserait de la commettre. Plus d'un malheureux, pour se conformer à leur avis, a perdu sa réputation et son emploi ; en sorte que, lorsqu'on a le malheur d'avoir ce qu'on appelle une affaire, on ne ferait pas mal de tirer au sort pour savoir si on doit la finir suivant les lois ou suivant l'usage, et, comme les lois et l'usage sont contradictoires, les juges pourraient aussi jouer leur sentence aux dés. – Et probablement aussi c'est à une décision de ce genre qu'il faut recourir pour expliquer pourquoi et comment mon voyage a duré quarante-deux jours juste.

CHAPITRE IV

Ma chambre est située sous le quarante-cinquième degré de latitude, selon les mesures du père Beccaria ; sa direction est du levant au couchant ; elle forme un carré long qui a trente-six pas de tour, en rasant la muraille de bien près. Mon voyage en contiendra cependant davantage ; car je la traverserai souvent en long et en large, ou bien diagonalement, sans suivre de règle ni de méthode. – Je ferai même des zigzags, et je parcourrai toutes les lignes possibles en géométrie, si le besoin l'exige. Je n'aime pas les gens qui sont si fort les maîtres de leurs pas et de leurs idées, qui disent : « Aujourd'hui, je ferai trois visites, j'écrirai quatre lettres, je finirai cet ouvrage que j'ai commencé. » – Mon âme est tellement ouverte à toutes sortes d'idées, de goûts et de sentiments ; elle reçoit si avidement tout ce qui se présente !…

– Et pourquoi refuserait-elle les jouissances qui sont éparses sur le chemin difficile de la vie ? Elles sont si rares, si clair-semées, qu'il faudrait être fou pour ne pas s'arrêter, se détourner même de son chemin, pour cueillir toutes celles qui sont à notre portée.

Il n'en est pas de plus attrayante, selon moi, que de suivre ses idées à la piste, comme le chasseur poursuit le gibier, sans affecter de tenir aucune route.

Aussi, lorsque je voyage dans ma chambre, je parcours rarement une ligne droite : je vais de ma table vers un tableau qui est placé dans un coin ; de là je pars obliquement pour aller à la porte ; mais, quoique en partant mon intention soit bien de m'y rendre, si je rencontre mon fauteuil en chemin, je ne fais pas de façon, et je m'y arrange tout de suite. – C'est un excellent meuble qu'un fauteuil ; il est surtout de la dernière utilité pour tout homme méditatif. Dans les longues soirées d'hiver, il est quelquefois doux, et toujours prudent de s'y étendre mollement, loin du fracas des assemblées nombreuses. – Un bon feu, des livres, des plumes ; que de ressources contre l'ennui ! Et quel plaisir encore d'oublier ses livres et ses plumes pour tisonner son feu, en se livrant à quelque douce méditation, ou en arrangeant quelques rimes pour égayer ses amis ! Les heures glissent alors sur vous, et tombent en silence dans l'éternité, sans vous faire sentir leur triste passage.

CHAPITRE V

Après mon fauteuil, en marchant vers le nord, on découvre mon lit, qui est placé au fond de ma chambre, et qui forme la plus agréable perspective. Il est situé de la manière la plus heureuse : les premiers rayons du soleil viennent se jouer dans mes rideaux. – Je les vois, dans les beaux jours d'été, s'avancer le long de la muraille blanche, à mesure que le soleil s'élève : les ormes qui sont devant ma fenêtre les divisent de mille manières, et les font balancer sur mon lit, couleur de rose et blanc, qui répand de tout côté une teinte charmante par leur réflexion. – J'entends le gazouillement confus des hirondelles qui se sont emparées du toit de la maison, et des autres oiseaux qui habitent les ormes : alors mille idées riantes occupent mon esprit ; et, dans l'univers entier, personne n'a un réveil aussi agréable, aussi paisible que le mien.

J'avoue que j'aime à jouir de ces doux instants, et que je prolonge toujours, autant qu'il est possible, le plaisir que je trouve à méditer dans la douce chaleur de mon lit. – Est-il un théâtre qui prête plus à l'imagination, qui réveille de plus tendres idées, que le meuble où je m'oublie quelquefois ? – Lecteur modeste, ne vous effrayez point – mais ne pourrai-je donc parler du bonheur d'un amant qui serre pour la première fois, dans ses bras, une épouse vertueuse ? plaisir ineffable, que mon mauvais destin me condamne à ne jamais goûter !

N'est-ce pas dans un lit qu'une mère, ivre de joie à la naissance d'un fils, oublie ses douleurs ? C'est là que les plaisirs fantastiques, fruits de l'imagination et de l'espérance, viennent nous agiter. – Enfin, c'est dans ce meuble délicieux que nous oublions, pendant une moitié de la vie, les chagrins de l'autre moitié. Mais quelle foule de pensées agréables et tristes se pressent à la fois dans mon cerveau ? Mélange étonnant de situations terribles et délicieuses !

Un lit nous voit naître et nous voit mourir ; c'est le théâtre variable où le genre humain joue tour à tour des drames intéressans, des farces risibles et des tragédies épouvantables. – C'est un berceau garni de fleurs ; – c'est le trône de l'Amour ; – c'est un sépulcre.

CHAPITRE VI

Ce chapitre n'est absolument que pour les métaphysiciens. Il va jeter le plus grand jour sur la nature de l'homme : c'est le prisme avec lequel on pourra analyser et décomposer les facultés de l'homme, en séparant la puissance animale des rayons purs de l'intelligence.

Il me serait impossible d'expliquer comment et pourquoi je me brûlai les doigts aux premiers pas que je fis en commençant mon voyage, sans expliquer, dans le plus grand détail, au lecteur, mon système de l'âme et de la bête. – Cette découverte métaphysique influe d'ailleurs tellement sur mes idées et sur mes actions, qu'il serait très difficile de comprendre ce livre, si je n'en donnais la clef au commencement.

Je me suis aperçu, par diverses observations, que l'homme est composé d'une âme et d'une bête. – Ces deux êtres sont absolument distincts, mais tellement emboîtés l'un dans l'autre, ou l'un sur l'autre, qu'il faut que l'âme ait une certaine supériorité sur la bête pour être en état de faire la distinction.

Je tiens d'un vieux professeur (c'est du plus loin qu'il me souvienne) que Platon appelait la matière l'autre. C'est fort bien ; mais j'aimerais mieux donner ce nom par excellence à la bête qui est jointe à notre âme. C'est réellement cette substance qui est l'autre, et qui nous lutine d'une manière si étrange.

On s'aperçoit bien en gros que l'homme est double ; mais c'est, dit-on, parce qu'il est composé d'une âme et d'un corps ; et l'on accuse ce corps de je ne sais combien de choses, mais bien mal à propos assurément, puisqu'il est aussi incapable de sentir que de penser. C'est à la bête qu'il faut s'en prendre, à cet être sensible, parfaitement distinct de l'âme, véritable individu qui a son existence séparée, ses goûts, ses inclinations, sa volonté, et qui n'est au-dessus des autres animaux que parce qu'il est mieux élevé et pourvu d'organes plus parfaits.

Messieurs et mesdames, soyez fiers de votre intelligence tant qu'il vous plaira ; mais défiez-vous beaucoup de l'autre, surtout quand vous êtes ensemble !

J'ai fait je ne sais combien d'expériences sur l'union de ces deux créatures hétérogènes. Par exemple, j'ai reconnu clairement que l'âme peut se faire obéir par la bête, et que, par un fâcheux retour, celle-ci oblige très souvent l'âme d'agir contre son gré. Dans les règles, l'une a le pouvoir législatif, et l'autre le pouvoir exécutif ; mais ces deux pouvoirs se contrarient souvent. – Le grand art d'un homme de génie est de savoir bien élever sa bête, afin qu'elle puisse aller seule, tandis que l'âme, délivrée de cette pénible accointance, peut s'élever jusqu'au ciel.

Mais il faut éclaircir ceci par un exemple.

Lorsque vous lisez un livre, monsieur, et qu'une idée plus agréable entre tout à coup dans votre imagination, votre âme s'y attache tout de suite et oublie le livre, tandis que vos yeux suivent machinalement les mots et les lignes ; vous achevez la page sans la comprendre et sans vous souvenir de ce que vous avez lu. – Cela vient de ce que votre âme, ayant ordonné à sa compagne de lui faire la lecture, ne l'a point avertie de la petite absence qu'elle allait faire ; en sorte que l'autre continuait la lecture que votre âme n'écoutait plus.

CHAPITRE VII

Cela ne vous paraît-il pas clair ? Voici un autre exemple.

Un jour de l'été passé, je m'acheminai pour aller à la cour. J'avais peint toute la matinée, et mon âme, se plaisant à méditer sur la peinture laissa le soin à la bête de me transporter au palais du roi.

Que la peinture est un art sublime ! pensait mon âme ; heureux celui que le spectacle de la nature a touché, qui n'est pas obligé de faire des tableaux pour vivre, qui ne peint pas uniquement par passe-temps, mais qui, frappé de la majesté d'une belle physionomie, et des jeux admirables de la lumière qui se fond en mille teintes sur le visage humain, tâche d'approcher dans ses ouvrages des effets sublimes de la nature ! Heureux encore le peintre que l'amour du paysage entraîne dans des promenades solitaires, qui sait exprimer sur la toile le sentiment de tristesse que lui inspire un bois sombre ou une campagne déserte ! Ses productions imitent et reproduisent la nature ; il crée des mers nouvelles et de noires cavernes inconnues au soleil : à son ordre, de verts bocages sortent du néant, l'azur du ciel se réfléchit dans ses tableaux ; il connaît l'art de troubler les airs et de faire mugir les tempêtes. D'autres fois il offre à l'œil du spectateur enchanté les campagnes délicieuses de l'antique Sicile : on voit des nymphes éperdues fuyant, à travers les roseaux, la poursuite d'un satyre ; des temples d'une architecture majestueuse élèvent leur front superbe par-dessus la forêt sacrée qui les entoure : l'imagination se perd dans les routes silencieuses de ce pays idéal ; les lointains bleuâtres se confondent avec le ciel, et le paysage entier, se répétant dans les eaux d'un fleuve tranquille, forme un spectacle qu'aucune langue ne peut décrire. – Pendant que mon âme faisait ces réflexions, l'autre allait son train, et Dieu sait où elle allait ! – Au lieu de se rendre à la cour, comme elle en avait reçu l'ordre, elle dériva tellement sur la gauche, qu'au moment où mon âme la rattrapa, elle était à la porte de madame de Hautcastel, à un demi-mille du palais royal.

Je laisse à penser au lecteur ce qui serait arrivé si elle était entrée toute seule chez une aussi belle dame.

CHAPITRE VIII

S'il est utile et agréable d'avoir une âme dégagée de la matière, au point de la faire voyager toute seule lorsqu'on le juge à propos, cette faculté a aussi ses inconvénientts. C'est à elle, par exemple, que je dois la brûlure dont j'ai parlé dans les chapitres précédents. – Je donne ordinairement à ma bête le soin des apprêts de mon déjeuner ; c'est elle qui fait griller mon pain et le coupe en tranches. Elle fait à merveille le café, et le prend même très-souvent sans que mon âme s'en mêle, à moins que celle-ci ne s'amuse a la voir travailler ; mais cela est rare et très-difficile à exécuter : car il est aisé, lorsqu'on fait quelque opération mécanique, de penser à tout autre chose ; mais il est extrêmement difficile de se regarder agir, pour ainsi dire ; – ou pour m'expliquer suivant mon système, d'employer son âme à examiner la marche de sa bête, et de la voir travailler sans y prendre part. – Voilà le plus étonnant tour de force métaphysique que l'homme puisse exécuter.

J'avais couché mes pincettes sur la braise pour faire griller mon pain ; et, quelque temps après, tandis que mon âme voyageait, voilà qu'une souche enflammée roule sur le foyer : – ma pauvre bête porta la main aux pincettes, et je me brûlai les doigts.

CHAPITRE IX

J'espère avoir suffisamment développé mes idées dans les chapitres précédents, pour donner à penser au lecteur, et pour le mettre à même de faire des découvertes dans cette brillante carrière : il ne pourra qu'être satisfait de lui, s'il parvient un jour à savoir faire voyager son âme toute seule ; les plaisirs que cette faculté lui procurera balanceront du reste les quiproquo qui pourront en résulter. Est-il une jouissance plus flatteuse que celle d'étendre ainsi son existence, d'occuper à la fois la terre et les cieux, et de doubler, pour ainsi dire, son être ?

– Le désir éternel et jamais satisfait de l'homme n'est-il pas d'augmenter sa puissance et ses facultés, de vouloir être où il n'est pas, de rappeler le passé et de vivre dans l'avenir ?

– Il veut commander les armées, présider aux académies ; il veut être adoré des belles ; et, s'il possède tout cela, il regrette alors les champs et la tranquillité, et porte envie à la cabane des bergers : ses projets, ses espérances échouent sans cesse contre les malheurs réels attachés à la nature humaine ; il ne saurait trouver le bonheur. Un quart d'heure de voyage avec moi lui en montrera le chemin.

Eh ! que ne laisse-t-il à l'autre ces misérables soins, cette ambition qui le tourmente ?

– Viens, pauvre malheureux ! fais un effort pour rompre ta prison, et du haut du ciel où je vais te conduire du milieu des orbes célestes et de l'empyrée, – regarde ta bête, lancée dans le monde, courir toute seule la carrière de la fortune et des honneurs ; vois avec quelle gravité elle marche parmi les hommes : la foule s'écarte avec respect, et, crois-moi, personne ne s'apercevra qu'elle est toute seule ; c'est le moindre souci de la cohue au milieu de laquelle elle se promène, de savoir si elle a une âme ou non, si elle pense ou non. – Mille femmes sentimentales l'aimeront à la fureur sans s'en apercevoir ; elle peut même s'élever, sans le secours de ton âme, à la plus haute faveur et à la plus grande fortune. – Enfin, je ne m'étonnerais nullement si, de notre retour de l'empyrée, ton âme, en rentrant chez elle, se trouvait dans la bête d'un grand seigneur.

CHAPITRE X

Qu'on n'aille pas croire qu'au lieu de tenir ma parole, en donnant la description de mon voyage autour de ma chambre, je bats la campagne pour me tirer d'affaire : on se tromperait fort, car mon voyage continue réellement, et pendant que mon âme, se repliant sur elle-même, parcourait, dans le chapitre précédent, les détours tortueux de la métaphysique, – j'étais dans mon fauteuil sur lequel, je m'étais renversé, de manière que ses deux pieds antérieurs étaient élevés à deux pouces de terre ; et, tout en me balançant à droite et à gauche, et gagnant du terrain, j'étais insensiblement parvenu tout près de la muraille. – C'est la manière dont je voyage lorsque je ne suis pas pressé. – Là, ma main s'était emparée machinalement du portrait de madame de Hautcastel, et l'autre s'amusait à ôter la poussière qui le couvrait. – Cette occupation lui donnait un plaisir tranquille, et ce plaisir se faisait sentir à mon âme, quoiqu'elle fût perdue dans les vastes plaines du ciel : car il est bon d'observer que, lorsque l'esprit voyage ainsi dans l'espace, il tient toujours aux sens par je ne sais quel lien secret ; en sorte que, sans se déranger de ses occupations, il peut prendre part aux jouissances paisibles de l'autre ; mais, si ce plaisir augmente à un certain point, ou si elle est frappée par quelque spectacle inattendu, l'âme aussitôt reprend sa place avec la vitesse de l'éclair.

C'est ce qui m'arriva tandis que je nettoyais le portrait.

À mesure que le linge enlevait la poussière et faisait paraître des boucles de cheveux blonds, et la guirlande de roses dont ils sont couronnés, mon âme, depuis le soleil où elle s'était transportée, sentit un léger frémissement de plaisir, et partagea sympathiquement la jouissance de mon cœur. Cette jouissance devint moins confuse et plus vive lorsque le linge, d'un seul coup, découvrit le front éclatant de cette charmante physionomie ; mon âme fut sur le point de quitter les cieux pour jouir du spectacle. Mais se fût-elle trouvée dans les Champs– Élisées, eût-elle assisté à un concert de chérubins, elle n'y serait pas demeurée une demi-seconde, lorsque sa compagne, prenant toujours plus d'intérêt à son ouvrage, s'avisa de saisir une éponge mouillée qu'on lui présentait, et de la passer tout à coup sur les sourcils et les yeux –, sur le nez, – sur les joues, – sur cette bouche ; – Ah Dieu ! le cœur me bat : – sur le menton, sur le sein : ce fut l'affaire d'un moment ; toute la figure parut renaître et sortir du néant. – Mon âme se précipita du ciel comme une étoile tombante : elle trouva l'autre dans une extase ravissante, et parvint à l'augmenter en la partageant. Cette situation singulière et imprévue fit disparaître le temps et l'espace pour moi. – J'existai pour un instant dans le passé, et je rajeunis contre l'ordre de la nature. – Oui, la voilà, cette femme adorée, c'est elle-même : je la vois qui sourit ; elle va parler pour dire qu'elle m'aime. – Quel regard ! viens que je te serre contre mon cœur, âme de ma vie, ma seconde existence ! – viens partager mon ivresse et mon bonheur !

– Ce moment fut court, mais il fut ravissant : la froide raison reprit bientôt son empire, et, dans l'espace d'un clin-d'œil je vieillis d'une année entière ; – mon cœur devint froid, glacé, et je me trouvai de niveau avec la foule des indifférents qui pèsent sur le globe.

CHAPITRE XI

Il ne faut pas anticiper sur les évènements : l'empressement de communiquer au lecteur mon système de l'âme et de la bête m'a fait abandonner la description de mon lit plus tôt que je ne devais ; lorsque je l'aurai terminée, je reprendrai mon voyage à l'endroit où je l'ai interrompu dans le chapitre précédent. – Je vous prie seulement de vous ressouvenir que nous avons laissé la moitié de moi-même tenant le portrait de madame de Hautcastel tout près de la muraille, à quatre pas de mon bureau. J'avais oublié, en parlant de mon lit, de conseiller à tout homme qui le pourra d'avoir un lit couleur de rose et blanc : il est certain que les couleurs influent sur nous au point de nous égayer ou de nous attrister suivant leurs nuances. – Le rose et le blanc sont deux couleurs consacrées au plaisir et à la félicité. – La nature, en les donnant à la rose, lui a donné la couronne de l'empire de Flore ; – et, lorsque le ciel veut annoncer une belle journée au monde, il colore les nues de cette teinte charmante au lever du soleil.

Un jour nous montions avec peine le long d'un sentier rapide : l'aimable Rosalie était en avant ; son agilité lui donnait des ailes : nous ne pouvions la suivre. – Tout à coup, arrivée au sommet d'un tertre, elle se tourna vers nous pour reprendre haleine, et sourit à notre lenteur. – Jamais peut-être les deux couleurs dont je fais l'éloge n'avaient ainsi triomphé. – Ses joues enflammées, ses lèvres de corail, des dents brillantes, son cou d'albâtre sur un fond de verdure, frappèrent tous les regards.

Il fallut nous arrêter pour la contempler : je ne dis rien de ses yeux bleus, ni du regard qu'elle jeta sur nous, parce que je sortirais de mon sujet, et que d'ailleurs je n'y pense jamais que le moins qu'il m'est possible. Il me suffit d'avoir donné le plus bel exemple imaginable de la supériorité de ces deux couleurs sur toutes les autres, et de leur influence sur le bonheur des hommes.

Je n'irai pas plus avant aujourd'hui. Quel sujet pourrais-je traiter qui ne fût insipide ? Quelle idée n'est pas effacée par cette idée ? – Je ne sais même quand je pourrai me remettre à l'ouvrage. – Si je le continue, et que le lecteur désire en voir la fin, qu'il s'adresse à l'ange distributeur des pensées, et qu'il le prie de ne plus mêler l'image de ce tertre parmi la foule des pensées décousues qu'il me jette à tout instant.

Sans cette précaution c'en est fait de mon voyage.

CHAPITRE XII

le tertre

CHAPITRE XIII

Les efforts sont vains ; il faut remettre la partie et séjourner ici malgré moi : c'est une étape militaire.

CHAPITRE XIV

J'ai dit que j'aimais singulièrement à méditer dans la douce chaleur de mon lit, et que sa couleur agréable contribue beaucoup au plaisir que j'y trouve.

Pour me procurer ce plaisir, mon domestique a reçu l'ordre d'entrer dans ma chambre une demi-heure avant celle où j'ai résolu de me lever. Je l'entends marcher légèrement et tripoter dans ma chambre avec discrétion ; et ce bruit me donne l'agrément de me sentir sommeiller ; plaisir délicat et inconnu de bien des gens.

On est assez éveillé pour s'apercevoir qu'on ne l'est pas tout-à-fait et pour calculer confusément que l'heure des affaires et des ennuis est encore dans le sablier du temps. Insensiblement mon homme devient plus bruyant ; il est si difficile de se contraindre, d'ailleurs il sait que l'heure fatale s'approche. – Il regarde à ma montre, et fait sonner les breloques pour m'avertir ; mais je fais la sourde oreille ; et, pour allonger encore cette heure charmante, il n'est sorte de chicane que je ne fasse à ce pauvre malheureux. J'ai cent ordres préliminaires à lui donner pour gagner du temps. Il sait fort bien que ces ordres, que je lui donne d'assez mauvaise humeur, ne sont que des prétextes pour rester au lit sans paraître le désirer. Il ne fait pas semblant de s'en apercevoir, et je lui en suis vraiment reconnaissant.

Enfin, lorsque j'ai épuisé toutes mes ressources, il s'avance au milieu de ma chambre, et se plante là, les bras croisés, dans la plus parfaite immobilité.

On m'avouera qu'il n'est pas possible de désapprouver ma pensée avec plus d'esprit et de discrétion : aussi je ne résiste jamais à cette invitation tacite ; j'étends les bras pour lui témoigner que j'ai compris, et me voilà assis.

Si le lecteur réfléchit sur la conduite de mon domestique, il pourra se convaincre que, dans certaines affaires délicates, du genre de celle-ci, la simplicité et le bon sens valent infiniment mieux que l'esprit le plus adroit. J'ose assurer que le discours le plus étudié sur les inconvénients de la paresse ne me déciderait pas à sortir aussi promptement de mon lit que le reproche muet de M. Joannetti.

C'est un parfait honnête homme que M. Joannetti, et en même temps celui de tous les hommes qui convenait le plus à un voyageur comme moi. Il est accoutumé aux fréquents voyages de mon âme, et ne rit jamais des inconséquences de l'autre ; il la dirige même quelquefois lorsqu'elle est seule ; en sorte qu'on pourrait dire alors qu'elle est conduite par deux âmes. Lorsqu'elle s'habille, par exemple, il m'avertit par un signe qu'elle est sur le point de mettre ses bas à l'envers, ou son habit avant sa veste. – Mon âme s'est souvent amusée à voir le pauvre Joannetti, courir après la folle sous les berceaux de la citadelle, pour l'avertir qu'elle avait oublié son chapeau ; – une autre fois son mouchoir.

Un jour (l'avouerai-je ?) sans ce fidèle domestique qui la rattrapa au bas de l'escalier, l'étourdie s'acheminait vers la cour sans épée, aussi hardiment que le grand-maître des cérémonies portant l'auguste baguette.

CHAPITRE XV

« Tiens, Joannetti, lui dis-je, raccroche ce portrait. » – Il m'avait aidé à le nettoyer, et ne se doutait non plus de tout ce qui a produit le chapitre du portrait que de ce qui se passe dans la lune. C'était lui qui, de son propre mouvement m'avait présenté l'éponge mouillée, et qui, par cette démarche, en apparence indifférente, avait fait parcourir à mon âme cent millions de lieues en un instant. Au lieu de le remettre à sa place, il le tenait pour l'essuyer à son tour. – Une difficulté, un problème à résoudre, lui donnait un air de curiosité que je remarquai. – « Voyons, lui dis-je, que trouves-tu à redire dans ce portrait ? – Oh ! rien, monsieur. – Mais encore ? » Il le posa debout sur une des tablettes de mon bureau ; puis s'éloignant de quelques pas : « Je voudrais, dit-il, que monsieur m'expliquât pourquoi ce portrait me regarde toujours, quel que soit l'endroit de la chambre où je me trouve. Le matin, lorsque je fais le lit, sa figure se tourne vers moi, et, si je vais à la fenêtre, elle me regarde encore et me suit des yeux en chemin. – En sorte, Joannetti, lui dis-je, que, si la chambre était pleine de monde, cette belle dame lorgnerait de tout côté et tout le monde à la fois ? – Oh ! oui, monsieur. – Elle sourirait aux allans et aux venants tout comme à moi ? » – Joannetti ne répondit rien. – Je m'étendis dans mon fauteuil, et, baissant la tête, je me livrai aux méditations les plus sérieuses. – Quel trait de lumière !

Pauvre amant ! tandis que tu te morfonds loin de ta maîtresse, auprès de laquelle tu es peut-être déjà remplacé ; tandis que tu fixes avidement tes yeux sur son portrait et que tu t'imagines (au moins en peinture) être le seul regardé, la perfide effigie, aussi infidèle que l'original, porte ses regards sur tout ce qui l'entoure, et sourit à tout le monde.

Voilà une ressemblance morale entre certains portraits et leurs modèles, qu'aucun philosophe, aucun peintre, aucun observateur n'avait encore aperçue.

Je marche de découvertes en découvertes.

CHAPITRE XVI

Joannetti était toujours dans la même attitude en attendant l'explication qu'il m'avait demandée. Je sortis la tête des plis de mon habit de voyage, où je l'avais enfoncée pour méditer à mon aise et pour me remettre des tristes réflexions que je venais de faire. – « Ne vois-tu pas, Joannetti, lui dis-je, après un moment de silence, et tournant mon fauteuil de son côté, ne vois-tu pas qu'un tableau étant une surface plane, les rayons de lumière qui partent de chaque point de cette surface… ? » Joannetti, à cette explication, ouvrit tellement les yeux, qu'il en laissait voir la prunelle tout entière ; il avait en outre la bouche entr'ouverte : ces deux mouvements dans la figure humaine annoncent, selon le fameux Le Brun, la dernière période de l'étonnement. C'était ma bête, sans doute, qui avait entrepris une semblable dissertation ; mon âme savait de reste que Joannetti ignore complètement ce que c'est qu'une surface plane, et encore plus ce que sont des rayons de lumière : la prodigieuse dilatation de ses paupières m'ayant fait rentrer en moi-même, je me remis la tête dans le collet de mon habit de voyage, et je l'y enfonçai tellement, que je parvins à la cacher presque tout entière.

Je résolus de dîner en cet endroit : la matinée était fort avancée, un pas de plus dans ma chambre aurait porté mon dîner à la nuit. Je me glissai jusqu'au bord de mon fauteuil, et, mettant les deux pieds sur la cheminée, j'attendis patiemment le repas.

C'est une attitude délicieuse que celle-là : il serait, je crois, bien difficile d'en trouver une autre qui réunit autant d'avantages, et qui fût aussi commode pour les séjours inévitables dans un long voyage.

Rosine, ma chienne fidèle, ne manque jamais de venir alors tirailler les basques de mon habit de voyage, pour que je la prenne sur moi ; elle y trouve un lit tout arrangé et fort commode, au sommet de l'angle que forment les deux parties de mon corps : un V consonne représente à merveille ma situation. Rosine, s'élance sur moi, si je ne la prends pas assez tôt à son gré. Je la trouve souvent là sans savoir comment elle y est venue. Mes mains s'arrangent d'elles-mêmes de la manière la plus favorable à son bien-être, soit qu'il y ait une sympathie entre cette aimable bête et la mienne, soit que le hasard seul en décide ; – mais je ne crois point au hasard, à ce triste système, – à ce mot qui ne signifie rien. – Je croirais plutôt au magnétisme ; – je croirais plutôt au martinisme. Non, je n'y croirai jamais.

Il y a une telle réalité dans les rapports qui existent entre ces deux animaux, que, lorsque je mets les deux pieds sur la cheminée, par pure distraction ; lorsque l'heure du dîner est encore éloignée, et que je ne pense nullement à prendre l'étape, toutefois Rosine, présente à ce mouvement, trahit le plaisir qu'elle éprouve en remuant légèrement la queue ; la discrétion la retient à sa place, et l'autre, qui s'en aperçoit, lui en sait gré :

quoique incapables de raisonner sur la cause qui le produit, il s'établit ainsi entre elles un dialogue muet, un rapport de sensation très-agréable, et qui ne saurait absolument être attribué au hasard.

CHAPITRE XVII

Qu'on ne me reproche pas d'être prolixe dans les détails, c'est la manière des voyageurs. Lorsqu'on part pour monter sur le Mont-Blanc, lorsqu'on va visiter la large ouverture du tombeau d'Empédocle, on ne manque jamais de décrire exactement les moindres circonstances, le nombre des personnes, celui des mulets, la qualité des provisions, l'excellent appétit des voyageurs, tout enfin, jusqu'aux faux pas des montures, est soigneusement enregistré dans le journal, pour l'instruction de l'univers sédentaire. Sur ce principe, j'ai résolu de parler de ma chère Rosine, aimable animal que j'aime d'une véritable affection, et de lui consacrer un chapitre tout entier.

Depuis six ans que nous vivons ensemble, il n'y a pas eu le moindre refroidissement entre nous ; ou, s'il s'est élevé entre elle et moi quelques petites altercations, j'avoue de bonne foi que le plus grand tort a toujours été de mon côté, et que Rosine a toujours fait les premiers pas vers la réconciliation.

Le soir, lorsqu'elle a été grondée, elle se retire tristement et sans murmurer : le lendemain, à la pointe du jour, elle est auprès de mon lit, dans une attitude respectueuse, et, au moindre mouvement de son maître, au moindre signe de réveil, elle annonce sa présence par les battements précipités de sa queue sur ma table de nuit.

Et pourquoi refuserais-je mon affection à cet être caressant qui n'a jamais cessé de m'aimer depuis l'époque où nous avons commencé de vivre ensemble ?

Ma mémoire ne suffirait pas à faire l'énumération, des personnes qui se sont intéressées à moi et qui m'ont oublié. J'ai eu quelques amis, plusieurs maîtresses, une foule de liaisons, encore plus de connaissances ; – et maintenant je ne suis plus rien pour tout ce monde, qui a oublié jusqu'à mon nom.

Que de protestations, que d'offres de services ! Je pouvais compter sur leur fortune, sur une amitié éternelle et sans réserve !

Ma chère Rosine, qui ne m'a point offert de services, me rend le plus grand service qu'on puisse rendre à l'humanité : elle m'aimait jadis, et m'aime encore aujourd'hui. Aussi, je ne crains point de le dire, je l'aime avec une portion du même sentiment que j'accorde à mes amis.

Qu'on en dise ce qu'on voudra.

CHAPITRE XVIII

Nous avons laissé Joannetti dans l'attitude de l'étonnement, immobile devant moi, attendant la fin de la sublime explication que j'avais commencée.

Lorsqu'il me vit enfoncer tout à coup la tête dans ma robe de chambre, et finir ainsi mon explication, il ne douta pas un instant que je ne fusse resté court faute de bonnes raisons, et de m'avoir, par conséquent, terrassé par la difficulté qu'il m'avait proposée.

Malgré la supériorité qu'il en acquérait sur moi, il ne sentit pas le moindre mouvement d'orgueil, et ne chercha point à profiter de son avantage. – Après un petit moment de silence, il prit le portrait, le remit à sa place, et se retira légèrement sur la pointe du pied. – Il sentait bien que sa présence était une espèce d'humiliation pour moi, et sa délicatesse lui suggéra de se retirer sans m'en laisser apercevoir. – Sa conduite, dans cette occasion, m'intéressa vivement, et le plaça toujours plus avant dans mon cœur. Il aura, sans doute, une place dans celui du lecteur ; et, s'il en est quelqu'un assez insensible pour la lui refuser après avoir lu le chapitre suivant, le ciel lui a, sans doute, donné un cœur de marbre.

CHAPITRE XIX

« Morbleu ! lui dis-je un jour, c'est pour la troisième fois que je vous ordonne de m'acheter une brosse. Quelle tête ! quel animal ! » – Il ne répondit pas un mot : il n'avait rien répondu la veille à une pareille incartade. « Il est si exact ! » disais-je ; je n'y concevais rien. – « Allez chercher un linge pour nettoyer mes souliers » lui dis-je en colère. Pendant qu'il allait, je me repentais de l'avoir ainsi brusqué. – Mon courroux passa tout à fait lorsque je vis le soin avec lequel il tâchait d'ôter la poussière de mes souliers, sans toucher à mes bas. J'appuyai ma main sur lui en signe de réconciliation. – « Quoi ! dis-je alors en moi-même, il y a donc des hommes qui décrottent les souliers des autres pour de l'argent ? » Ce mot d'argent fut un trait de lumière qui vint m'éclairer. Je me ressouvins tout à coup qu'il y avait longtemps que je n'en avais point donné à mon domestique. – « Joannetti, lui dis-je en retirant mon pied, avez-vous de l'argent ? » Un demi-sourire de justification parut sur ses lèvres, à cette demande. – « Non, monsieur, il y a huit jours que je n'ai pas un sou ; j'ai dépensé tout ce qui m'appartenait pour vos petites emplettes. – Et la brosse ? C'est, sans doute, pour cela ?... » – Il sourit encore. – Il aurait pu dire à son maître : « Non, je ne suis point une tête vide, un animal, comme vous avez eu la cruauté de le dire à votre fidèle serviteur. Payez-moi 23 livres 10 sous 4 deniers que vous me devez, et je vous achèterai votre brosse. » – Il se laissa maltraiter injustement plutôt que d'exposer son maître à rougir de sa colère.

Que le ciel le bénisse ! Philosophes ! chrétiens ! avez-vous lu ?

« Tiens, Joannetti, lui dis-je, tiens, cours acheter la brosse. – Mais, monsieur, voulez-vous rester ainsi avec un soulier blanc et l'autre noir ? » – Va, te dis-je, acheter la brosse ; laisse, laisse cette poussière sur mon soulier. » – Il sortit ; je pris le linge, et je nettoyai délicieusement mon soulier gauche, sur lequel je laissai tomber une larme de repentir.

CHAPITRE XX

Les murs de ma chambre sont garnis d'estampes et de tableaux qui l'embellissent singulièrement. Je voudrais de tout mon cœur les faire examiner au lecteur les uns après les autres, pour l'amuser et le distraire le long du chemin que nous devons encore parcourir pour arriver à mon bureau ; mais il est aussi impossible d'expliquer clairement un tableau que de faire un portrait ressemblant d'après une description.

Quelle émotion n'éprouverait-il pas, par exemple, en contemplant la première estampe qui se présente aux regards ! – Il y verrait la malheureuse Charlotte, essuyant lentement, et d'une main tremblante, les pistolets d'Albert. – De noirs pressentiments et toutes les angoisses de l'amour sans espoir et sans consolation sont empreints sur sa physionomie ; tandis que le froid Albert, entouré de sacs de procès et de vieux papiers de toute espèce, se tourne froidement pour souhaiter un bon voyage à son ami. Combien de fois n'ai je pas été tenté de briser la glace qui couvre cette estampe, pour arracher cet Albert de sa table, pour le mettre en pièces, le fouler aux pieds ! Mais il restera toujours trop d'Alberts en ce monde. Quel est l'homme sensible qui n'a pas le sien, avec lequel il est obligé de vivre et contre lequel les épanchements de l'âme, les douces émotions du cœur et les élans de l'imagination, vont se briser comme les flots sur les rochers ?

– Heureux celui qui trouve un ami dont le cœur et l'esprit lui conviennent, un ami qui s'unisse à lui par une conformité de goûts, de sentiments et de connaissances ; un ami que ne soit pas tourmenté par l'ambition ou l'intérêt ; – qui préfère l'ombre d'un arbre à la pompe d'une cour ! – Heureux celui qui possède un ami !

CHAPITRE XXI

J'en avais un : la mort me l'a ôté ; elle l'a saisi au commencement de sa carrière, au moment où son amitié était devenue un besoin pressant pour mon cœur. – Nous nous soutenions mutuellement dans les travaux pénibles de la guerre ; nous n'avions qu'une pipe à nous deux ; nous buvions dans la même coupe : nous couchions sous la même toile ; et dans les circonstances malheureuses où nous sommes, l'endroit où nous vivions ensemble était pour nous une nouvelle patrie : je l'ai vu en butte à tous les périls de la guerre, et d'une guerre désastreuse. La mort semblait nous épargner l'un pour l'autre : elle épuisa mille fois ses traits autour de lui sans l'atteindre ; mais c'était pour me rendre sa perte plus sensible. Le tumulte des armes, l'enthousiasme qui s'empare de l'âme à l'aspect du danger, auraient peut-être empêché ses cris d'aller jusqu'à mon cœur.

Sa mort eut été utile à son pays et funeste aux ennemis : – je l'aurais moins regretté. Mais le perdre au milieu des délices d'un quartier d'hiver ! le voir expirer dans mes bras au moment où il paraissait regorger de santé ; au moment où notre liaison se resserrait encore dans le repos et la tranquillité ! – Ah ! je ne m'en consolerai jamais ! Cependant sa mémoire ne vit plus que dans mon cœur ; elle n'existe plus parmi ceux qui l'environnaient et qui l'ont remplacé : cette idée me rend plus pénible le sentiment de sa perte.

La nature, indifférente de même au sort des individus, remet sa robe brillante du printemps, et se pare de toute sa beauté autour du cimetière où il repose. Les arbres se couvrent de feuilles et entrelacent leurs branches ; les oiseaux chantent sous le feuillage ; les mouches bourdonnent parmi les fleurs ; tout respire la joie et la vie dans le séjour de la mort : – Et le soir, tandis que la lune brille dans le ciel, et que je médite près de ce triste lieu, j'entends le grillon poursuivre gaîment son chant infatigable, caché sous l'herbe qui couvre la tombe silencieuse de mon ami. La destruction insensible des êtres, et tous les malheurs de l'humanité sont comptés pour rien dans le grand tout. – La mort d'un homme sensible qui expire au milieu de ses amis désolés, et celle d'un papillon que l'air froid du matin fait périr dans le calice d'une fleur, sont deux époques semblables dans le cours de la nature. L'homme n'est rien qu'un fantôme, une ombre, une vapeur qui se dissipe dans les airs…

Mais l'aube matinale commence à blanchir le ciel ; les noires idées qui m'agitaient s'évanouissent avec la nuit, et l'espérance renaît dans mon cœur. – Non, celui qui inonde ainsi l'orient de lumière ne l'a point fait briller à mes regards pour me plonger bientôt dans la nuit du néant. Celui qui étendit cet horizon incommensurable, celui qui éleva ces masses énormes, dont le soleil dore les sommets glacés, est aussi celui qui a ordonné à mon cœur de battre, et à mon esprit de penser.

Non, mon ami n'est point entré dans le néant ; quelle que soit la barrière qui nous sépare, je le reverrai. – Ce n'est point sur un syllogisme que je fonde mon espérance. – Le vol d'un insecte qui traverse les airs suffit pour me persuader ; et souvent l'aspect de la campagne, le parfum des airs, et je ne sais quel charme répandu autour de moi, élèvent tellement mes pensées, qu'une preuve invincible de l'immortalité entre avec violence dans mon âme et l'occupe tout entière.

CHAPITRE XXII

Depuis long-temps le chapitre que je viens d'écrire se présentait à ma plume, et je l'avais toujours rejeté. Je m'étais promis de ne laisser voir dans ce livre que la face riante de mon âme ; mais ce projet m'a échappé comme tant d'autres : j'espère que le lecteur sensible me pardonnera de lui avoir demandé quelques larmes ; et si quelqu'un trouve qu'à la vérité j'aurais pu retrancher ce triste chapitre, il peut le déchirer dans son exemplaire, ou même jeter le livre au feu.

Il me suffit que tu le trouves selon ton cœur ma chère Jenny, toi, la meilleure et la plus aimée des femmes ; – toi, la meilleure et la plus aimée des sœurs ; c'est à toi que je dédie mon ouvrage : s'il a ton approbation, il aura celle de tous les cœurs sensibles et délicats ; et si tu pardonnes aux folies qui m'échappent quelquefois malgré moi, je brave tous les censeurs de l'univers.

CHAPITRE XXIII

Je ne dirai qu'un mot de l'estampe suivante.

C'est la famille du malheureux Ugolin expirant de faim : autour de lui, un de ses fils est étendu sans mouvement à ses pieds ; les autres lui tendent leurs bras affaiblis, et lui demandent du pain, tandis que le malheureux père, appuyé contre une colonne de la prison, l'œil fixe et hagard, le visage immobile, – dans l'horrible tranquillité que donne le dernier période du désespoir, meurt à la fois de sa propre mort et de celle de tous ses enfants, et souffre tout ce que la nature humaine peut souffrir.

Brave chevalier d'Assas, te voila expirant sous cent baïonnettes, par un effort de courage, par un héroïsme qu'on ne connaît plus de nos jours !

Et toi qui pleures sous ces palmiers, malheureuse négresse ! toi qu'un barbare, qui sans doute n'était pas Anglais, a trahie et délaissée ; – que dis-je ? toi qu'il a eu la cruauté de vendre comme une vile esclave malgré ton amour et tes services, malgré le fruit de sa tendresse que tu portes dans ton sein, – je ne passerai point devant ton image sans te rendre l'hommage qui est dû à ta sensibilité et à tes malheurs !

Arrêtons-nous un instant devant cet autre tableau : c'est une jeune bergère qui garde toute seule son troupeau sur le sommet des Alpes : elle est assise sur un vieux tronc de sapin renversé et blanchi par les hivers ; ses pieds sont recouverts par les larges feuilles d'une touffe de cacalia, dont la fleur lilas s'élève au-dessus de sa tête.

La lavande, le thym, l'anémone, la centaurée, des fleurs de toute espèce, qu'on cultive avec peine dans nos serres et nos jardins, et qui naissent sur les Alpes dans toute leur beauté primitive, forment le tapis brillant sur lequel errent ses brebis. – Aimable bergère, dis-moi où se trouve l'heureux coin de la terre que tu habites ? de quelle bergerie éloignée es-tu partie ce matin au lever de l'aurore ? – Ne pourrais-je y aller vivre avec toi ? – Mais, hélas ! la douce tranquillité dont tu jouis ne tardera pas à s'évanouir : le démon de la guerre, non content de désoler les cités, va bientôt porter le trouble et l'épouvante jusque dans ta retraite solitaire. Déjà les soldats s'avancent ; je les vois gravir de montagnes en montagnes, et s'approcher des nues. – Le bruit du canon se fait entendre dans le séjour élevé du tonnerre. – Fuis, bergère, presse ton troupeau, cache-toi dans les antres les plus reculés et les plus sauvages : il n'est plus de repos sur cette triste terre !

CHAPITRE XXIV

Je ne sais comment cela m'arrive ; depuis quelque temps mes chapitres finissent toujours sur un ton sinistre. En vain, je fixe en les commençant, mes regards sur quelque objet agréable, – en vain je m'embarque par le calme, j'essuie bientôt une bourrasque qui me fait dériver. – Pour mettre fin à cette agitation, qui ne me laisse pas le maître de mes idées, et pour apaiser les battements de mon cœur, que tant d'images attendrissantes ont trop agité, je ne vois d'autre remède qu'une dissertation.

Oui, je veux mettre ce morceau de glace sur mon cœur.

Et cette dissertation sera sur la peinture ; car, de disserter sur tout autre objet ; il n'y a point moyen. Je ne puis descendre tout à fait du point où j'étais monté tout à l'heure : d'ailleurs, c'est le dada de mon oncle Tobie.

Je voudrais dire, en passant, quelques mots sur la question de la prééminence entre l'art charmant de la peinture et celui de la musique : oui, je veux mettre quelque chose dans la balance, ne fût-ce qu'un grain de sable, un atome.

On dit en faveur du peintre qu'il laisse quelque chose après lui ; ses tableaux lui survivent et éternisent sa mémoire.

On répond que les compositeurs en musique laissent aussi des opéras et des concerts ; – mais la musique est sujette à la mode, et la peinture ne l'est pas.

– Les morceaux de musique qui attendrissaient nos aïeux sont ridicules pour les amateurs de nos jours, et on les place dans les opéras bouffons, pour faire rire les neveux de ceux qu'ils faisaient pleurer autrefois.

Les tableaux de Raphaël enchanteront notre postérité comme ils ont ravi nos ancêtres.

Voilà mon grain de sable.

CHAPITRE XXV

« Mais que m'importe à moi, me dit un jour Mme de Hautcastel, que la musique de Cherubini ou de Cimarosa diffère de celle de leurs prédécesseurs ? – Que m'importe que l'ancienne musique me fasse rire, pourvu que la nouvelle m'attendrisse délicieusement ? – Est-il donc nécessaire à mon bonheur que mes plaisirs ressemblent à ceux de ma tris-aïeule ? Que me parlez-vous de peinture, d'un art qui n'est goûté que par une classe très-peu nombreuse de personnes, tandis que la musique enchante tout ce qui respire ? »

Je ne sais pas trop, dans ce moment, ce qu'on pourrait répondre à cette observation, à laquelle je ne m'attendais pas en commençant ce chapitre.

Si je l'avais prévue, peut-être je n'aurais pas entrepris cette dissertation. Et qu'on ne prenne point ceci pour un tour de musicien. – Je ne le suis point sur mon honneur ; – non, je ne suis pas musicien : j'en atteste le ciel et tous ceux qui m'ont entendu jouer du violon.

Mais, en supposant le mérite de l'art égal de part et d'autre, il ne faudrait pas se presser de conclure du mérite de l'art au mérite de l'artiste. – On voit des enfants toucher du clavecin en grands maîtres ; on n'a jamais vu un bon peintre de douze ans. La peinture, outre le goût et le sentiment, exige une tête pensante, dont les musiciens peuvent se passer. On voit tous les jours des hommes sans tête et sans cœur tirer d'un violon, d'une harpe, des sons ravissants.

On peut élever la bête humaine à toucher du clavecin, et, lorsqu'elle est élevée par un bon maître, l'âme peut voyager tout à son aise tandis que les doigts vont machinalement tirer des sons dont elle ne se mêle nullement. – On ne saurait, au contraire, peindre la chose du monde la plus simple sans que l'âme y emploie toutes ses facultés.

Si cependant quelqu'un s'avisait de distinguer entre la musique de composition et celle d'exécution, j'avoue qu'il m'embarrasserait un peu. Hélas ! si tous les faiseurs de dissertations étaient de bonne foi, c'est ainsi qu'elles finiraient toutes. – En commençant l'examen d'une question, on prend ordinairement le ton dogmatique, parce qu'on est décidé en secret, comme je l'étais réellement pour la peinture, malgré mon hypocrite impartialité ; mais la discussion réveille l'objection, – et tout finit par le doute.

CHAPITRE XXVI

Maintenant que je suis plus tranquille, je vais tâcher de parler sans émotion des deux portraits qui suivent le tableau de la bergère des Alpes.

Raphaël ! ton portrait ne pouvait être peint que par toi-même. Quel autre eût osé l'entreprendre ? – Ta figure ouverte, sensible, spirituelle, annonce ton caractère et ton génie.

Pour complaire à ton ombre, j'ai placé auprès de toi le portrait de ta maîtresse, à qui tous les hommes de tous les siècles demanderont éternellement compte des ouvrages sublimes dont ta mort prématurée a privé les arts.

Lorsque j'examine le portrait de Raphaël, je me sens pénétré d'un respect presque religieux pour ce grand homme qui, à la fleur de son âge, avait surpassé toute l'antiquité, et dont les tableaux font l'admiration et le désespoir des artistes modernes. – Mon âme, en l'admirant, éprouve un mouvement d'indignation contre cette Italienne qui préféra son amour à son amant, et qui éteignit dans son sein ce flambeau céleste, ce génie divin.

Malheureuse ne savais-tu donc pas que Raphaël avait annoncé un tableau supérieur à celui de la Transfiguration ? – Ignorais-tu que tu serrais dans tes bras le favori de la nature, le père de l'enthousiasme, un génie sublime, un dieu ?

Tandis que mon âme fait ces observations, sa compagne, en fixant un œil attentif sur la figure ravissante de cette funeste beauté, se sent toute prête à lui pardonner la mort de Raphaël.

En vain mon âme lui reproche son extravagante faiblesse, elle n'est point écoutée. – Il s'établit entre ces deux dames, dans ces sortes d'occasions, un dialogue singulier qui finit trop souvent à l'avantage du mauvais principe, et dont je réserve un échantillon pour un autre chapitre.

CHAPITRE XXVII

Les estampes et les tableaux dont je viens de parler pâlissent et disparaissent au premier coup d'œil qu'on jette sur le tableau suivant : les ouvrages immortels de Raphaël, de Corrège et de toute l'école d'Italie ne soutiendraient pas le parallèle. Aussi je le garde toujours pour le dernier morceau, pour la pièce de réserve, lorsque je procure à quelques curieux le plaisir de voyager avec moi ; et je puis assurer que, depuis que je fais voir ce tableau sublime aux connaisseurs et aux ignorants, aux gens du monde, aux artisans, aux femmes et aux enfants, aux animaux mêmes, j'ai toujours vu les spectateurs quelconques donner, chacun à sa manière, des signes de plaisir et d'étonnement : tant la nature y est admirablement rendue !

Eh ! quel tableau pourrait-on vous présenter, messieurs ; quel spectacle pourrait-on mettre sous vos yeux, mesdames, plus sûr de votre suffrage, que la fidèle représentation de vous-mêmes ? Le tableau dont je parle est un miroir, et personne jusqu'à présent ne s'est encore avisé de le critiquer ; il est, pour tous ceux qui le regardent, un tableau parfait auquel il n'y a rien à redire.

On conviendra sans doute qu'il doit être compté pour une des merveilles de la contrée où je me promène.

Je passerai sous silence le plaisir qu'éprouve le physicien méditant sur les étranges phénomènes de la lumière qui représente tous les objets de la nature sur cette surface polie.

– Le miroir présente au voyageur sédentaire mille réflexions intéressantes, mille observations qui le rendent un objet utile et précieux.

Vous que l'Amour a tenus ou tient encore sous son empire, apprenez que c'est devant un miroir qu'il aiguise ses traits et médite ses cruautés ; c'est là qu'il répète ses manœuvres, qu'il étudie ses mouvements, qu'il se prépare d'avance à la guerre qu'il veut déclarer ; c'est là qu'il s'exerce aux doux regards, aux petites mines, aux bouderies savantes, comme un acteur s'exerce en face de lui-même avant de se présenter en public. Toujours impartial et vrai, un miroir renvoie aux yeux du spectateur les roses de la jeunesse et les rides de l'âge, sans calomnier et sans flatter personne. – Seul entre tous les conseillers des grands, il leur dit constamment la vérité.

Cet avantage m'avait fait désirer l'invention d'un miroir moral, où tous les hommes pourraient se voir avec leurs vices et leurs vertus. Je songeais même à proposer un prix à quelque académie pour cette découverte, lorsque de mûres réflexions m'en ont prouvé l'inutilité.

Hélas ! il est si rare que la laideur se reconnaisse et casse le miroir ! En vain les glaces se multiplient autour de nous, et réfléchissent avec une exactitude géométrique la lumière et la vérité ; au moment où les rayons vont pénétrer dans notre œil et nous peindre tels que nous sommes, l'amour-propre glisse son prisme trompeur entre nous et notre image, et nous présente une divinité.

Et de tous les prismes qui ont existé, depuis le premier qui sortit des mains de l'immortel Newton, aucun n'a possédé une force de réfraction aussi puissante et ne produit des couleurs aussi agréables et aussi vives que le prisme de l'amour-propre.

Or, puisque les miroirs communs annoncent en vain la vérité, et que chacun est content de sa figure ; puisqu'ils ne peuvent faire connaître aux hommes leurs imperfections physiques, à quoi servirait mon miroir moral ? Peu de monde y jetterait les yeux, et personne ne s'y reconnaîtrait, – excepté les philosophes. – J'en doute même un peu.

En prenant le miroir pour ce qu'il est, j'espère que personne ne me blâmera de l'avoir placé au-dessus de tous les tableaux de l'École d'Italie. Les dames, dont le goût ne saurait être faux, et dont la décision doit tout régler, jettent ordinairement leur premier coup d'œil sur ce tableau lorsqu'elles entrent dans un appartement.

J'ai vu mille fois des dames, et même des damoiseaux, oublier au bal leurs amants ou leurs maîtresses, la danse et tous les plaisirs de la fête, pour contempler, avec une complaisance marquée, ce tableau enchanteur, – et l'honorer même de temps à autre d'un coup d'œil, au milieu de la contredanse la plus animée.

Qui pourrait donc lui disputer le rang que je lui accorde parmi les chefs-d'œuvre de l'art d'Apelles ?

CHAPITRE XXVIII

J'étais enfin arrivé tout près de mon bureau ; déjà même, en allongeant le bras, j'aurais pu en toucher l'angle le plus voisin de moi, lorsque je me vis au moment de voir détruire le fruit de tous mes travaux, et de perdre la vie. – Je devrais passer sous silence l'accident qui m'arriva, pour ne pas décourager les voyageurs ; mais il est si difficile de verser dans la chaise de poste dont je me sers, qu'on sera forcé de convenir qu'il faut être malheureux au dernier point, – aussi malheureux que je le suis, pour courir un semblable danger. Je me trouvai étendu par terre, complètement versé et renversé ; et cela si vite, si inopinément, que j'aurais été tenté de révoquer en doute mon malheur, si un tintement dans la tête et une violente douleur à l'épaule gauche ne m'en avaient trop évidemment prouvé l'authenticité.

Ce fut encore un mauvais tour de ma moitié. Effrayée par la voix d'un pauvre qui demanda tout à coup l'aumône à ma porte, et par les aboiements de Rosine, elle fit tomber brusquement mon fauteuil, avant que mon âme eut le temps de l'avertir qu'il manquait une brique derrière ; l'impulsion fut si violente que ma chaise de poste se trouva absolument hors de son centre de gravité, et se renversa sur moi.

Voici, je l'avoue, une des occasions où j'ai eu le plus à me plaindre de mon âme ; car, au lieu d'être fâchée de l'absence qu'elle venait de faire, et de tancer sa compagne sur sa précipitation, elle s'oublia au point de partager le ressentiment le plus animal, et de maltraiter de paroles ce pauvre innocent.

– « Fainéant ! allez travailler, » lui dit-elle (apostrophe exécrable, inventée par l'avare et cruelle richesse !) « Monsieur, dit-il alors pour m'attendrir, je suis de Chambéry... – Tant pis pour vous. – Je suis Jacques ; c'est moi que vous avez vu à la campagne ; c'est moi qui menais les moutons aux champs. – Que venez-vous faire ici ? » Mon âme commençait à se repentir de la brutalité de mes premières paroles. – Je crois même qu'elle s'en était repentie un instant avant de les laisser échapper. C'est ainsi que, lorsqu'on rencontre inopinément, dans sa course, un fossé ou un bourbier, on le voit, mais on n'a plus le temps de l'éviter.

Rosine acheva de me ramener au bons sens et au repentir : elle avait reconnu Jacques, qui avait souvent partagé son pain avec elle, et lui témoignait, par ses caresses, son souvenir et sa reconnaissance.

Pendant ce temps, Joannetti, ayant rassemblé les restes de mon dîner qui étaient destinés pour le sien, les donna sans hésiter à Jacques.

Pauvre Joannetti !

C'est ainsi que, dans mon voyage, je vais prenant des leçons de philosophie et d'humanité de mon domestique et de mon chien.

CHAPITRE XXIX

Avant d'aller plus loin, je veux détruire un doute qui pourrait s'être introduit dans l'esprit de mes lecteurs.

Je ne voudrais pas, pour tout au monde, qu'on me soupçonnât d'avoir entrepris ce voyage uniquement pour ne savoir que faire, et forcé, en quelque manière, par les circonstances : j'assure ici, et jure par tout ce qui m'est cher, que j'avais le dessein de l'entreprendre longtemps avant l'événement qui m'a fait perdre ma liberté pendant quarante-deux jours. Cette retraite forcée ne fut qu'une occasion de me mettre en route plus tôt.

Je sais que la protestation gratuite que je fais ici paraîtra suspecte à certaines personnes ; – mais je sais aussi que les gens soupçonneux ne liront pas ce livre : – ils ont assez d'occupation chez eux et chez leurs amis ; ils ont bien d'autres affaires :– et les bonnes gens me croiront.

Je conviens cependant que j'aurais préféré m'occuper de ce voyage dans un autre temps et que j'aurais choisi, pour l'exécuter, le carême plutôt que le carnaval : toutefois, des réflexions philosophiques, qui me sont venues du ciel, m'ont beaucoup aidé à supporter la privation des plaisirs que Turin présente en foule dans ces moments de bruit et d'agitation. – Il est très-sûr, me disais-je, que les murs de ma chambre ne sont pas aussi magnifiquement décorés que ceux d'une salle de bal : le silence de ma cabine ne vaut pas l'agréable bruit de la musique et de la danse ; mais, parmi les brillants personnages qu'on rencontre dans ces fêtes, il en est certainement de plus ennuyés que moi.

Et pourquoi m'attacherais-je à considérer ceux qui sont dans une situation plus agréable, tandis que le monde fourmille de gens plus malheureux que je ne le suis dans la mienne ? – Au lieu de me transporter par l'imagination dans ce superbe casin, où tant de beautés sont éclipsées par la jeune Eugénie, pour me trouver heureux, je n'ai qu'à m'arrêter un instant le long des rues qui y conduisent. – Un tas d'infortunés, couchés à demi-nus sous les portiques de ces appartements somptueux, semblent près d'expirer de froid et de misère.

Quel spectacle ! Je voudrais que cette page de mon livre fût connue de tout l'univers ; je voudrais qu'on sût que, dans cette ville, où tout respire l'opulence, pendant les nuits les plus froides de l'hiver, une foule de malheureux dorment à découvert, la tête appuyée sur une borne ou sur le seuil d'un palais.

Ici c'est un groupe d'enfants serrés les uns contre les autres pour ne pas mourir de froid. – Là c'est une femme tremblante et sans voix pour se plaindre. – Les passants vont et viennent, sans être émus d'un spectacle auquel ils sont accoutumés. – Le bruit des carrosses la voix de l'intempérance, les sons ravissants de la musique, se mêlent quelquefois aux cris de ces malheureux, et forment une horrible dissonance.

CHAPITRE XXX

Celui qui se presserait de juger une ville d'après le chapitre précédent se tromperait fort. J'ai parlé des pauvres qu'on y trouve, de leurs cris pitoyables, et de l'indifférence de certaines personnes à leur égard ; mais je n'ai rien dit de la foule d'hommes charitables qui dorment pendant que les autres s'amusent, qui se lèvent à la pointe du jour, et vont secourir l'infortune sans témoin et sans ostentation.

Non, je ne passerai point cela sous silence : je veux l'écrire sur le revers de la page que tout l'univers doit lire.

Après avoir ainsi partagé leur fortune avec leurs frères, après avoir versé le baume dans ces cœurs froissés par la douleur, ils vont dans les églises, tandis que le vice fatigué dort sur l'édredon, offrir à Dieu leurs prières et le remercier de ses bienfaits : la lumière de la lampe solitaire combat encore dans le temple celle du jour naissant, et déjà ils sont prosternés au pied des autels ; – et l'Éternel, irrité de la dureté et de l'avarice des hommes, retient sa foudre prête à frapper.

CHAPITRE XXXI

J'ai voulu dire quelque chose de ces malheureux dans mon voyage, parce que l'idée de leur misère est souvent venue me distraire en chemin. Quelquefois frappé de la différence de leur situation et de la mienne, j'arrêtais tout à coup ma berline, et ma chambre me paraissait prodigieusement embellie. Quel luxe inutile ! Six chaises ! deux tables ! un bureau ! un miroir ! quelle ostentation ! Mon lit surtout, mon lit, couleur de rose et blanc, et mes deux matelas, me semblaient défier la magnificence et la mollesse des monarques de l'Asie. – Ces réflexions me rendaient indifférents les plaisirs qu'on m'avait défendus : et, de réflexions en réflexions, mon accès de philosophie devenait tel, que j'aurais vu un bal dans la chambre voisine, que j'aurais entendu le son des violons et des clarinettes, sans remuer de ma place ; – j'aurais entendu de mes deux oreilles la voix mélodieuse de Marchesini, cette voix qui m'a si souvent mis hors de moi-même, – oui, je l'aurais entendue sans m'ébranler ; – bien plus, j'aurais regardé sans la moindre émotion la plus belle femme de Turin, Eugénie elle-même, parée de la tête aux pieds par les mains de Mlle Rapous. – Cela n'est cependant pas bien sûr.

CHAPITRE XXXII

Mais, permettez-moi de vous le demander, messieurs, vous amusez– vous autant qu'autrefois au bal et à la comédie ? – Pour moi, je vous l'avoue ; depuis quelque temps toutes les assemblées nombreuses m'inspirent une certaine terreur. – J'y suis assailli par un songe sinistre. – En vain je fais mes efforts pour le chasser, il revient toujours, comme celui d'Athalie. – C'est peut-être parce que l'âme, inondée aujourd'hui d'idées noires et de tableaux déchirants, trouve partout des sujets de tristesse, – comme un estomac vicié convertit en poisons les aliments les plus sains. – Quoi qu'il en soit, voici mon songe : – Lorsque je suis dans une de ces fêtes, au milieu de cette foule d'hommes aimables et caressants, qui dansent, qui chantent, – qui pleurent aux tragédies, qui n'expriment que la joie, la franchise et la cordialité, je me dis : – Si, dans cette assemblée polie, il entrait tout-à-coup un ours blanc, un philosophe, un tigre, ou quelque autre animal de cette espèce, et que, montant à l'orchestre, il s'écriât d'une voix forcenée : – « Malheureux humains ! écoutez la vérité qui vous parle par ma bouche : vous êtes opprimés, tyrannisés, vous êtes malheureux, vous vous ennuyez. Sortez de cette léthargie !

» Vous, musiciens, commencez par briser ces instruments sur vos têtes ; que chacun s'arme d'un poignard ; ne pensez plus désormais aux délassements ni aux fêtes ; montez aux loges, égorgez tout le monde ; que les femmes trempent aussi leurs mains timides dans le sang !

» Sortez, vous êtes libres, arrachez votre roi de son trône et votre Dieu de son sanctuaire ! »

– Eh bien ! ce que le tigre a dit, combien de ces hommes charmants l'exécuteront ? – Combien peut-être y pensaient avant qu'il entrât ? Qui le sait ? – Est-ce qu'on ne dansait pas à Paris il y a cinq ans ?

« Joannetti, fermez les portes et les fenêtres. – Je ne veux plus voir la lumière ; qu'aucun homme n'entre dans ma chambre ; – mettez mon sabre à la portée de ma main, – sortez vous-même, et ne reparaissez plus devant moi ! »

CHAPITRE XXXIII

« Non, non, reste, Joannetti ; reste, pauvre garçon : et toi aussi, ma Rosine ; toi qui devines mes peines et qui les adoucis par tes caresses ; viens, ma Rosine ; viens. – V consonne et séjour. »

CHAPITRE XXXIV

La chute de ma chaise de poste a rendu le service au lecteur de raccourcir mon voyage d'une bonne douzaine de chapitres, parce qu'en me relevant je me trouvai vis-à-vis et tout près de mon bureau, et que je ne fus plus à temps de faire des réflexions sur le nombre d'estampes et de tableaux que j'avais encore à parcourir, et qui auraient pu allonger mes excursions sur la peinture.

En laissant donc sur la droite les portraits de Raphaël et de sa maîtresse, le chevalier d'Assas et la bergère des Alpes, et longeant sur la gauche du côté de la fenêtre, on découvre mon bureau : c'est le premier objet et le plus apparent qui se présente aux regards du voyageur, en suivant la route que je viens d'indiquer.

Il est surmonté de quelques tablettes servant de bibliothèque ; – le tout est couronné par un buste qui termine la pyramide, et c'est l'objet qui contribue le plus à l'embellissement du pays.

En tirant le premier tiroir à droite, on trouve une écritoire, du papier de toute espèce, des plumes toutes taillées, de la cire à cacheter. – Tout cela donnerait l'envie d'écrire à l'être le plus indolent. – Je suis sûr, ma chère Jenny, que, si tu venais à ouvrir ce tiroir par hasard, tu répondrais à la lettre que je t'écrivis l'an passé. – Dans le tiroir correspondant gisent confusément entassés les matériaux de l'histoire attendrissante de la prisonnière de Pignerol, que vous lirez bientôt, mes chers amis.

Entre ces deux tiroirs est un enfoncement où je jette les lettres à mesure que je les reçois : on trouve là toutes celles que j'ai reçues depuis dix ans ; les plus anciennes sont rangées, selon leurs dates, en plusieurs paquets : les nouvelles sont pêle-mêle ; il m'en reste plusieurs qui datent de ma première jeunesse.

Quel plaisir de revoir dans ces lettres les situations intéressantes de nos jeunes années, d'être transportés de nouveau dans ces temps heureux que nous ne reverrons plus !

Ah ! comme mon cœur est plein ! comme il jouit tristement lorsque mes yeux parcourent les lignes tracées par un être qui n'existe plus ! Voilà ses caractères, c'est son cœur qui conduisait sa main, c'est à moi qu'il écrivait cette lettre, et cette lettre est tout ce qui me reste de lui !

Lorsque je porte la main dans ce réduit, il est rare que je m'en tire de toute la journée. C'est ainsi que le voyageur traverse rapidement quelques provinces d'Italie, en faisant à la hâte quelques observations superficielles, pour se fixer à Rome pendant des mois entiers. – C'est la veine la plus riche de la mine que j'exploite. Quel changement dans mes idées et dans mes sentiments ! quelle différence dans mes amis ! Lorsque je les examine alors et aujourd'hui, je les vois mortellement agités pour des projets qui ne les touchent plus maintenant.

Nous regardions comme un grand malheur un événement ; mais la fin de la lettre manque, et l'événement est complètement oublié : je ne puis savoir de quoi il était question,

– Mille préjugés nous assiégeaient ; le monde et les hommes nous étaient totalement inconnus, mais aussi quelle chaleur dans notre commerce ! quelle liaison intime ! quelle confiance sans bornes !

Nous étions heureux par nos erreurs. – Et maintenant : – Ah ! ce n'est plus cela ; il nous a fallu lire, comme les autres, dans le cœur humain ; – et la vérité, tombant au milieu de nous comme une bombe, a détruit pour toujours le palais enchanté de l'illusion.

CHAPITRE XXXV

Il ne tiendrait qu'à moi de faire un chapitre sur cette rose sèche que voilà, si le sujet en valait la peine : c'est une fleur du carnaval de l'année dernière. J'allai moi-même la cueillir dans les serres du Valentin, et le soir, une heure avant le bal, plein d'espérance et dans une agréable émotion, j'allai la présenter à madame de Hautcastel. Elle la prit, – la posa sur sa toilette, sans la regarder et sans me regarder moi-même. – Mais comment aurait-elle fait attention à moi ? elle était occupée à se regarder elle-même. Debout devant un grand miroir, toute coiffée, elle mettait la dernière main à sa parure : elle était si fort préoccupée, son attention était si totalement absorbée par des rubans, des gazes et des pompons de toute espèce amoncelés devant elle, que je n'obtins pas même un regard, un signe. – Je me résignai : je tenais humblement des épingles toutes prêtes, arrangées dans ma main ; mais son carreau se trouvant plus à sa portée, elle les prenait à son carreau, – et si j'avançais la main, elle les prenait de ma main – indifféremment ; – et pour les prendre elle tâtonnait, sans ôter les yeux de son miroir, de crainte de se perdre de vue.

Je tins quelque temps un second miroir derrière elle, pour lui faire mieux juger de sa parure ; et, sa physionomie se répétant d'un miroir à l'autre, je vis alors une perspective de coquettes, dont aucune ne faisait attention à moi. Enfin, l'avouerai-je ? nous faisions, ma rose et moi, une fort triste figure.

Je finis par perdre patience, et, ne pouvant plus résister au dépit qui me dévorait, je posai le miroir que je tenais à la main, et je sortis d'un air de colère, et sans prendre congé.

« Vous en allez-vous ? » me dit-elle en se tournant de côté pour voir sa taille de profil. – Je ne répondis rien ; mais j'écoutai quelque temps à la porte, pour savoir l'effet qu'allait produire ma brusque sortie. – « Ne voyez-vous pas, disait-elle à sa femme de chambre, après un instant de silence, ne voyez-vous pas que ce cacaro est beaucoup trop large pour ma taille, surtout en bas, et qu'il y faut faire une baste avec des épingles ? »

Comment et pourquoi cette rose sèche se trouve là sur une tablette de mon bureau, c'est ce que je ne dirai certainement pas, parce que j'ai déclaré qu'une rose sèche ne méritait pas un chapitre.

Remarquez bien, mesdames, que je ne fais aucune réflexion sur l'aventure de la rose sèche. Je ne dis point que Mme de Hautcastel ait bien ou mal fait de me préférer sa parure, ni que j'eusse le droit d'être reçu autrement.

Je me garde encore avec plus de soin d'en tirer des conséquences générales sur la réalité, la force et la durée de l'affection des dames pour leurs amis. – Je me contente de jeter ce chapitre (puisque c'en est un), de le jeter, dis-je, dans le monde, avec le reste du voyage, sans l'adresser à personne, et sans le recommander à personne.

Je n'ajouterai qu'un conseil pour vous, messieurs ; c'est de vous mettre bien dans l'esprit qu'un jour de bal votre maîtresse n'est plus à vous.

Au moment où la parure commence, l'amant n'est plus qu'un mari, et le bal seul devient l'amant.

Tout le monde sait, de reste, ce que gagne un mari à vouloir se faire aimer par force ; prenez donc votre mal en patience et en riant.

Et ne vous faites pas illusion, monsieur : si l'on vous voit avec plaisir au bal, ce n'est point en votre qualité d'amant, car vous êtes un mari ; c'est parce que vous faites partie du bal, et que vous êtes, par conséquent, une fraction de sa nouvelle conquête ; vous êtes une décimale d'amant : ou bien, peut-être, c'est parce que vous dansez bien, et que vous la ferez briller : enfin, ce qu'il peut y avoir de plus flatteur pour vous dans le bon accueil qu'elle vous fait, c'est qu'elle espère qu'en déclarant pour son amant un homme de mérite comme vous elle excitera la jalousie de ses compagnes ; sans cette considération, elle ne vous regarderait seulement pas.

Voilà donc qui est entendu ; il faudra vous résigner et attendre que votre rôle de mari soit passé. – J'en connais plus d'un qui voudraient en être quittes à si bon marché.

CHAPITRE XXXVI

J'ai promis un dialogue entre mon âme et l'autre ; mais il est certains chapitres qui m'échappent, ou plutôt il en est d'autres qui coulent de ma plume, comme malgré moi, et qui déroutent mes projets : de ce nombre est celui de ma bibliothèque, que je ferai le plus court possible. – Les quarante-deux jours vont finir, et un espace de temps égal ne suffirait pas pour achever la description du riche pays où je voyage agréablement.

Ma bibliothèque donc est composée de romans, puisqu'il faut vous le dire, – oui, de romans et de quelques poètes choisis.

Comme si je n'avais pas assez de mes maux, je partage encore volontairement ceux de mille personnages imaginaires, et je les sens aussi vivement que les miens : que de larmes n'ai-je pas versées pour cette malheureuse Clarisse et pour l'amant de Charlotte.

Mais si je cherche ainsi de feintes afflictions, je trouve, en revanche, dans ce monde imaginaire, la vertu, la bonté, le désintéressement, que je n'ai pas encore trouvés réunis dans le monde réel où j'existe. – J'y trouve une femme comme je la désire, sans humeur, sans légèreté, sans détour : je ne dis rien de la beauté ; on peut s'en fier à mon imagination : je la fais si belle qu'il n'y a rien à redire. Ensuite, fermant le livre, qui ne répond plus à mes idées, je la prends par la main, et nous parcourons ensemble un pays mille fois plus délicieux que celui d'Éden.

Quel peintre pourrait représenter le paysage enchanté où j'ai placé la divinité de mon cœur ? et quel poète pourra jamais décrire les sensations vives et variées que j'éprouve dans ces régions enchantées ?

Combien de fois n'ai-je pas maudit ce Cleveland, qui s'embarque à tout instant dans de nouveaux malheurs qu'il pourrait éviter ! – Je ne puis souffrir ce livre et cet enchaînement de calamités ; mais si je l'ouvre par distraction, il faut que je le dévore jusqu'à la fin.

Comment laisser ce pauvre homme chez les Abaquis ? que deviendrait-il avec ces sauvages ? J'ose encore moins l'abandonner dans l'excursion qu'il fait pour sortir de sa captivité.

Enfin, j'entre tellement dans ses peines, je m'intéresse si fort à lui et à sa famille infortunée, que l'apparition inattendue des féroces Ruintons me fait dresser les cheveux : une sueur froide me couvre lorsque je lis ce passage, et ma frayeur est aussi vive, aussi réelle que si je devais être rôti moi-même et mangé par cette canaille.

Lorsque j'ai assez pleuré et fait l'amour, je cherche quelque poète, et je pars de nouveau pour un autre monde.

CHAPITRE XXXVII

Depuis l'expédition des Argonautes jusqu'à l'assemblée des Notables ; depuis le fin fond des enfers jusqu'à la dernière étoile fixe au-delà de la voix lactée, jusqu'aux confins de l'univers, jusqu'aux portes du chaos, voilà le vaste champ où je me promène en long et en large, et tout à loisir ; car le temps ne me manque pas plus que l'espace. C'est là que je transporte mon existence à la suite d'Homère, de Milton, de Virgile, d'Ossian, etc.

Tous les événements qui ont eu lieu entre ces deux époques, tous les pays, tous les mondes et tous les êtres qui ont existé entre ces deux termes, tout cela est à moi, tout cela m'appartient aussi bien, aussi légitimement que les vaisseaux qui entraient dans le Pirée appartenaient à un certain Athénien.

J'aime surtout les poètes qui me transportent dans la plus haute antiquité : la mort de l'ambitieux Agamemnon, les fureurs d'Oreste et toute l'histoire tragique de la famille des Atrées, persécutée par le ciel, m'inspirent une terreur que les événements modernes ne sauraient faire naître en moi.

Voilà l'urne fatale qui contient les cendres d'Oreste. Qui ne frémirait à cet aspect ? Électre ! malheureuse sœur, apaise-toi : c'est Oreste lui-même qui apporte l'urne, et ces cendres sont celles de ses ennemis !

On ne retrouve plus maintenant de rivages semblables à ceux du Xanthe ou du Scamandre ; – on ne voit plus de plaines comme celles de l'Hespérie ou de l'Arcadie.

Où sont aujourd'hui les îles de Lemnos et de Crète ? Où est le fameux labyrinthe ? Où est le rocher qu'Ariane délaissée arrosait de ses larmes ? – On ne voit plus de Thésées, encore moins d'Hercules ; les hommes et même les héros d'aujourd'hui sont des pygmées.

Lorsque je veux me donner ensuite une scène d'enthousiasme, et jouir de toutes les forces de mon imagination, je m'attache hardiment aux plis de la robe flottante du sublime aveugle d'Albion, au moment où il s'élance dans le ciel, et qu'il ose approcher du trône de l'Éternel. – Quelle muse a pu le soutenir à cette hauteur, où nul homme avant lui n'avait osé porter ses regards ? – De l'éblouissant parvis céleste que l'avare Mammon regardait avec des yeux d'envie, je passe avec horreur dans les vastes cavernes du séjour de Satan ; – j'assiste au conseil infernal, je me mêle à la foule des esprits rebelles, et j'écoute leurs discours.

Mais il faut que j'avoue ici une faiblesse que je me suis souvent reprochée.

Je ne puis m'empêcher de prendre un certain intérêt à ce pauvre Satan (je parle du Satan de Milton) depuis qu'il est ainsi précipité du ciel. Tout en blâmant l'opiniâtreté de l'esprit rebelle, j'avoue que la fermeté qu'il montre dans l'excès du malheur et la grandeur de son courage me forcent à l'admiration malgré moi.

– Quoique je n'ignore pas les malheurs dérivés de la funeste entreprise qui le conduisit à forcer les portes des enfers pour venir troubler le ménage de nos premiers parents, je ne puis, quoi que je fasse, souhaiter un moment de le voir périr en chemin dans la confusion du chaos. Je crois même que je l'aiderais volontiers sans la honte qui me retient. Je suis tous ses mouvements, et je trouve autant de plaisir à voyager avec lui que si j'étais en bonne compagnie. J'ai beau réfléchir qu'après tout, c'est un diable, qu'il est en chemin pour perdre le genre humain ; que c'est un vrai démocrate, non de ceux d'Athènes, mais de ceux de Paris, tout cela ne peut me guérir de ma prévention.

Quel vaste projet ! et quelle hardiesse dans l'exécution !

Lorsque les spacieuses et triples portes des enfers s'ouvrirent tout à coup devant lui à deux battants, et que la profonde fosse du néant et de la nuit parut à ses pieds dans toute son horreur, – il parcourut d'un œil intrépide le sombre empire du chaos ; et, sans hésiter, ouvrant ses vastes ailes, qui auraient pu couvrir une armée entière, il se précipita dans l'abîme.

Je le donne en quatre au plus hardi. – Et c'est, selon moi, un des beaux efforts de l'imagination, comme un des plus beaux voyages qui aient jamais été faits, – après le voyage autour de ma chambre.

CHAPITRE XXXVIII

Je ne finirais pas, si je voulais décrire la millième partie des événements singuliers qui m'arrivent lorsque je voyage près de ma bibliothèque ; les voyages de Cook et les observations de ses compagnons de voyage, les docteurs Banks et Solander, ne sont rien en comparaison de mes aventures dans ce seul district : aussi je crois que j'y passerais ma vie dans une espèce de ravissement, sans le buste dont j'ai parlé, sur lequel mes yeux et mes pensées finissent toujours par se fixer, quelle que soit la situation de mon âme ; et, lorsqu'elle est trop violemment agitée, ou qu'elle s'abandonne au découragement, je n'ai qu'à regarder ce buste pour la remettre dans son assiette naturelle : c'est le diapason avec lequel j'accorde l'assemblage variable et discord de sensations et de perceptions qui forment mon existence.

Comme il est ressemblant ! – Voilà bien les traits que la nature avait donnés au plus vertueux des hommes. Ah ! si le sculpteur avait pu rendre visibles son âme excellente, son génie et son caractère ! – Mais qu'ai-je entrepris ? Est-ce donc ici le lieu de faire son éloge ? Est-ce aux hommes qui m'entourent que je l'adresse ? Eh ! que leur importe ?

Je me contente de me prosterner devant ton image chérie, oh ! le meilleur des pères ! Hélas ! cette image est tout ce qui me reste de toi et de ma patrie : tu as quitté la terre au moment où le crime allait l'envahir ; et tels sont les maux dont il nous accable, que ta famille elle-même est contrainte de regarder aujourd'hui ta perte comme un bienfait.

Que de maux t'eût fait éprouver une plus longue vie ! O mon père, le sort de ta nombreuse famille est-il connu de toi dans le séjour du bonheur ? sais-tu que tes enfants sont exilés de cette patrie que tu as servie pendant soixante ans avec tant de zèle et d'intégrité ? sais-tu qu'il leur est défendu de visiter ta tombe ? – Mais la tyrannie n'a pu leur enlever la partie la plus précieuse de ton héritage, le souvenir de tes vertus et la force de tes exemples : au milieu du torrent criminel qui entraînait leur patrie et leur fortune dans le gouffre, ils sont demeurés inaltérablement unis sur la ligne que tu leur avais tracée ; et, lorsqu'ils pourront encore se prosterner sur ta cendre vénérée, elle les reconnaîtra toujours.

CHAPITRE XXXIX

J'ai promis un dialogue, je tiens parole. – C'était le matin à l'aube du jour : les rayons du soleil doraient à la fois le sommet du mont Viso et celui des montagnes les plus élevées de l'île qui est à nos antipodes ; et déjà elle était éveillée, soit que son réveil prématuré fût l'effet des visions nocturnes qui la mettent souvent dans une agitation aussi fatigante qu'inutile ; soit que le carnaval, qui tirait alors vers sa fin, fût la cause occulte de son réveil, ce temps de plaisir et de folie ayant une influence sur la machine humaine comme les phases de la lune et la conjonction de certaines planètes. – Enfin, elle était éveillée et très éveillée, lorsque mon âme se débarrassa elle-même des liens du sommeil.

Depuis long-temps celle-ci partageait confusément les sensations de l'autre ; mais elle était encore embarrassée dans les crêpes de la nuit et du sommeil ; et ces crêpes lui semblaient transformés en gazes, en limons, en toile des Indes. – Ma pauvre âme était donc comme empaquetée dans tout cet attirail, et le dieu du sommeil, pour la retenir plus fortement dans son empire, ajoutait à ses liens des tresses de cheveux blonds en désordre, des nœuds de rubans, des colliers de perles : c'était une pitié pour qui l'aurait vue se débattre dans ces filets.

L'agitation de la plus noble partie de moi-même se communiquait à l'autre, et celle-ci à son tour agissait puissamment sur mon âme.

– J'étais parvenu tout entier à un état difficile à décrire, lorsqu'enfin mon âme, soit par sagacité, soit par hasard, trouva la manière de se délivrer des gazes qui la suffoquaient. Je ne sais si elle rencontra une ouverture, ou si elle s'avisa tout simplement de les relever, ce qui est plus naturel ; le fait est qu'elle trouva l'issue du labyrinthe. Les tresses de cheveux en désordre étaient toujours là ; mais ce n'était plus un obstacle, c'était plutôt un moyen ; mon âme le saisit, comme un homme qui se noie s'accroche aux herbes du rivage ; mais le collier de perles se rompit dans l'action, et les perles se défilant roulèrent sur le sofa, et de là sur le parquet de madame de Hautcastel ; car mon âme par une bizarrerie dont il serait difficile de rendre raison, s'imaginait être chez cette dame : un gros bouquet de violettes tomba par terre, et mon âme, s'éveillant alors, rentra chez elle, amenant à la suite la raison et la réalité. Comme on l'imagine, elle désapprouva fortement tout ce qui s'était passé en son absence ; et c'est ici que commence le dialogue qui fait le sujet de ce chapitre.

Jamais mon âme n'avait été si mal reçue. Les reproches qu'elle s'avisa de faire dans ce moment critique achevèrent de brouiller le ménage : ce fut une révolte, une insurrection formelle.

« Quoi donc ! dit mon ame ; c'est ainsi que, pendant mon absence, au lieu de réparer vos forces par un sommeil paisible, et vous rendre par là plus propre à exécuter mes ordres, vous vous avisez insolemment (le terme étant un peu fort) de vous livrer à des transports que ma volonté n'a pas sanctionnés ? »

Peu accoutumée à ce ton de hauteur, l'autre lui repartit en colère :

« Il vous sied bien, MADAME (pour éloigner de la discussion toute idée de familiarité), il vous sied bien de vous donner des airs de décence et de vertu ? Eh ! n'est-ce pas aux écarts de votre imagination et à vos extravagantes idées que je dois tout ce qui vous déplaît en moi ? Pourquoi n'étiez-vous pas là ? – Pourquoi auriez-vous le droit de jouir sans moi, dans les fréquents voyages que vous faites toute seule ? – Ai-je jamais désapprouvé vos séances dans l'empyrée ou dans les Champs-Élysées, vos conversations avec les intelligences, vos spéculations profondes (un peu de raillerie, comme on voit), vos châteaux en Espagne, vos systèmes sublimes ? Et je n'aurais pas le droit, lorsque vous m'abandonnez ainsi, de jouir des bienfaits que m'accorde la nature et des plaisirs qu'elle me présente ? »

Mon âme, surprise de tant de vivacité et d'éloquence, ne savait que répondre.

– Pour arranger l'affaire, elle entreprit de couvrir du voile de la bienveillance les reproches qu'elle venait de se permettre ; et, afin de ne pas avoir l'air de faire les premiers pas vers la réconciliation, elle imagina de prendre aussi le ton de cérémonie.

– « MADAME » dit-elle à son tour avec une cordialité affectée… – (Si le lecteur a trouvé ce mot déplacé lorsqu'il s'adressait à mon âme, que dira-t-il maintenant, pour peu qu'il veuille se rappeler le sujet de la dispute ? – Mon âme ne sentit point l'extrême ridicule de cette façon de parler, tant la passion obscurcit l'intelligence !) – « MADAME, dit-elle donc, je vous assure que rien ne me ferait autant de plaisir que de vous voir jouir de tous les plaisirs dont votre nature est susceptible, quand même je ne les partagerais pas, si ces plaisirs ne vous étaient pas nuisibles et s'ils n'altéraient pas l'harmonie qui… » Ici mon âme fut interrompue vivement : – « Non, non, je ne suis point la dupe de votre bienveillance supposée : – le séjour forcé que nous faisons ensemble dans cette chambre où nous voyageons ; la blessure que j'ai reçue, qui a failli me détruire, et qui saigne encore ; – tout cela n'est-il pas le fruit de votre orgueil extravagant et de vos préjugés barbares ? Mon bien-être et mon existence même sont comptés pour rien, lorsque vos passions vous entraînent, – et vous prétendez vous intéresser à moi, et vos reproches viennent de votre amitié ? »

Mon âme vit bien qu'elle ne jouait pas le meilleur rôle dans cette occasion : – elle commençait d'ailleurs à s'apercevoir que la chaleur de la dispute en avait supprimé la cause, et, profitant de la circonstance pour faire une diversion : « Faites du café », dit-elle à Joannetti qui entrait dans la chambre. – Le bruit des tasses attirant toute l'attention de l'insurgente, dans l'instant elle oublia tout le reste. C'est ainsi qu'en montrant un hochet aux enfants, on leur fait oublier les fruits malsains qu'ils demandent en trépignant.

Je m'assoupis insensiblement pendant que l'eau chauffait.

– Je jouissais de ce plaisir charmant dont j'ai entretenu mes lecteurs, et qu'on éprouve lorsqu'on se sent dormir. Le bruit agréable que faisait Joannetti, en frappant de la cafetière sur le chenet, retentissait sur mon cerveau, et faisait vibrer toutes mes fibres sensitives, comme l'ébranlement d'une corde de harpe fait résonner les octaves. – Enfin, je vis comme une ombre devant moi ; j'ouvris les yeux, c'était Joannetti. Ah ! quel parfum ! quelle agréable surprise ! Du café ! de la crème ! une pyramide de pain grillé ! – Bon lecteur, déjeune avec moi.

CHAPITRE XL

Quel riche trésor de jouissances la bonne nature a livré aux hommes dont le cœur sait jouir ! et quelle variété dans ces jouissances ! Qui pourra compter leurs nuances innombrables dans les divers individus et dans les différents âges de la vie ? le souvenir confus de celles de mon enfance me fait encore tressaillir. Essaierai-je de peindre celles qu'éprouve le jeune homme dont le cœur commence à brûler de tous les feux du sentiment ? Dans cet âge heureux où l'on ignore encore jusqu'au nom de l'intérêt, de l'ambition, de la haine et de toutes les passions honteuses qui dégradent et tourmentent l'humanité ; durant cet âge, hélas ! trop court, le soleil brille d'un éclat qu'on ne lui retrouve plus dans le reste de la vie. L'air est plus pur ; les fontaines sont plus limpides et plus fraîches ; – la nature a des aspects, les bocages ont des sentiers qu'on ne retrouve plus dans l'âge mûr. Dieu ! quels parfums envoient ces fleurs ! que ces fruits sont délicieux ! de quelles couleurs se pare l'aurore ! – Toutes les femmes sont aimables et fidèles ; tous les hommes sont bons, généreux et sensibles : partout on rencontre la cordialité, la franchise et le désintéressement ; il n'existe dans la nature que des fleurs, des vertus et des plaisirs.

Le trouble de l'amour, l'espoir du bonheur n'inondent-ils pas notre cœur de sensations aussi vives que variées ?

Le spectacle de la nature et sa contemplation dans l'ensemble et les détails ouvrent devant la raison une immense carrière de jouissances.

Bientôt l'imagination, planant sur cet océan de plaisirs, en augmente le nombre et l'intensité ; les sensations diverses s'unissent et se combinent pour en former de nouvelles ; les rêves de la gloire se mêlent aux palpitations de l'amour ; la bienfaisance marche à côté de l'amour– propre qui lui tend la main ; la mélancolie vient de temps en temps jeter sur nous son crêpe solennel, et changer nos larmes en plaisirs. – Enfin, les perceptions de l'esprit, les sensations du cœur, les souvenirs même des sens sont, pour l'homme, des sources inépuisables de plaisirs et de bonheur. – Qu'on ne s'étonne donc point que le bruit que faisait Joannetti, en frappant de la cafetière sur le chenet, et l'aspect imprévu d'une tasse de crème aient fait sur moi une impression si vive et si agréable.

CHAPITRE XLI

Je mis aussitôt mon habit de voyage, après l'avoir examiné avec un œil de complaisance ; et ce fut alors que je résolus de faire un chapitre ad hoc, pour le faire connaître au lecteur. La forme et l'utilité de ces habits étant assez généralement connues, je traiterai plus particulièrement de leur influence sur l'esprit des voyageurs. – Mon habit de voyage pour l'hiver est fait de l'étoffe la plus chaude et la plus moelleuse qu'il m'ait été possible de trouver ; il m'enveloppe entièrement de la tête aux pieds ; et, lorsque je suis dans mon fauteuil, les mains dans mes poches et la tête enfoncée dans le collet de l'habit, je ressemble à la statue de Visnou sans pieds et sans mains, qu'on voit dans les pagodes des Indes.

On taxera, si l'on veut, de préjugé l'influence que j'attribue aux habits de voyage sur les voyageurs ; ce que je puis dire de certain à cet égard, c'est qu'il me paraîtrait aussi ridicule d'avancer d'un seul pas mon voyage autour de ma chambre, revêtu de mon uniforme et l'épée au côté, que de sortir et d'aller dans le monde en robe de chambre. – Lorsque je me vois ainsi habillé, suivant toutes les rigueurs de la pragmatique, non seulement je ne serais pas à même de continuer mon voyage, mais je crois que je ne serais pas même en état de lire ce que j'en ai écrit jusqu'à présent, et moins encore de le comprendre.

Mais cela vous étonne-t-il ? Ne voit-on pas tous les jours des personnes qui se croient malades, parce qu'elles ont la barbe longue, ou parce que quelqu'un s'avise de leur trouver l'air malade et de le dire ? Les vêtements ont tant d'influence sur l'esprit des hommes, qu'il est des valétudinaires qui se trouvent beaucoup mieux, lorsqu'ils se voient en habit neuf et en perruque poudrée : on en voit qui trompent ainsi le public et eux-mêmes par une parure soutenue ; – ils meurent un beau matin, tout coiffés, et leur mort frappe tout le monde.

On oubliait quelquefois de faire avertir plusieurs jours d'avance le comte de... qu'il devait monter la garde : – un caporal allait l'éveiller de grand matin, le jour même où il devait la monter, et lui annoncer cette triste nouvelle ; mais l'idée de se lever tout de suite, de mettre ses guêtres et de sortir ainsi, sans y avoir pensé la veille, le troublait tellement, qu'il aimait mieux faire dire qu'il était malade, et ne pas sortir de chez lui. Il mettait donc sa robe de chambre et renvoyait le perruquier ; cela lui donnait un air pâle, malade, qui alarmait sa femme et toute la famille. Il se trouvait réellement lui-même un peu défait ce jour-là.

Il le disait à tout le monde, un peu pour soutenir gageure, un peu aussi parce qu'il croyait l'être tout de bon. – Insensiblement l'influence de la robe de chambre opérait :

les bouillons qu'il avait pris, bon gré malgré, lui causaient des nausées ; bientôt les parents et les amis envoyaient demander des nouvelles : il n'en fallait pas tant pour le mettre décidément au lit.

Le soir, le docteur Ranson lui trouvait le pouls concentré, et ordonnait la saignée pour le lendemain. Si le service avait duré un mois de plus, c'en était fait du malade.

Qui pourrait douter de l'influence des habits de voyage sur les voyageurs, lorsqu'on réfléchira que le pauvre comte de... pensa plus d'une fois faire le voyage de l'autre monde pour avoir mis mal à propos sa robe de chambre dans celui-ci ?

CHAPITRE XLII

J'étais assis près de mon feu, après dîner, plié dans mon habit de voyage et livré volontairement à toute son influence, en attendant l'heure du départ, lorsque les vapeurs de la digestion, se portant à mon cerveau, obstruèrent tellement les passages par lesquels les idées s'y rendent en venant des sens, que toute communication se trouva interceptée ; et de même que mes sens ne transmettaient plus aucune idée à mon cerveau, celui-ci, à son tour, ne pouvait plus envoyer le fluide électrique qui les anime et avec lequel l'ingénieux docteur Valli ressuscite des grenouilles mortes.

On concevra facilement, après avoir lu ce préambule, pourquoi ma tête tomba sur ma poitrine, et comment les muscles du pouce et de l'index de ma main droite, n'étant plus irrités par ce fluide, se relâchèrent au point qu'un volume des œuvres du marquis Caraccioli, que je tenais serré entre ces deux doigts, m'échappa sans que je m'en aperçusse, et tomba sur le foyer.

Je venais de recevoir des visites, et ma conversation avec les personnes qui étaient sorties avait roulé sur la mort du fameux médecin Cigna, qui venait de mourir, et qui était universellement regretté : il était savant, laborieux, bon physicien et fameux botaniste. – Le mérite de cet homme habile occupait ma pensée ; et cependant, me disais-je, s'il m'était permis d'évoquer les âmes de tous ceux qu'il peut avoir fait passer dans l'autre monde, qui sait si sa réputation ne souffrirait pas quelque échec ?

Je m'acheminais insensiblement à une dissertation sur la médecine et sur les progrès qu'elle a faits depuis Hippocrate. – Je me demandais si les personnages fameux de l'antiquité qui sont morts dans leur lit, comme Périclès, Platon, la célèbre Aspasie, et Hippocrate lui-même, étaient morts comme des gens ordinaires, d'une fièvre putride, inflammatoire et vermineuse ; si on les avait saignés et bourrés de remèdes.

Dire pourquoi je songeai à ces quatre personnages plutôt qu'à d'autres, c'est ce qui ne me serait pas possible. – Qui peut rendre raison d'un songe ? – Tout ce que je puis dire, c'est que ce fut mon âme qui évoqua le docteur de Cos, celui de Turin et le fameux homme d'État qui fit de si belles choses et de si grandes fautes.

Mais, pour son élégante amie, j'avoue humblement que ce fut l'autre qui lui fit signe, – Cependant, quand j'y pense, je serais tenté d'éprouver un petit mouvement d'orgueil ; car il est clair que, dans ce songe, la balance en faveur de la raison était de quatre contre un. – C'est beaucoup pour un militaire de mon âge.

Quoi qu'il en soit, pendant que je me livrais ces réflexions, mes yeux achevèrent de se fermer, et je m'endormis profondément ; mais, en fermant les yeux, l'image des personnages auxquels j'avais pensé demeura peinte sur cette toile fine qu'on appelle mémoire, et ces images, se mêlant dans mon cerveau avec l'idée de l'évocation des morts, je vis bientôt arriver à la file Hippocrate, Platon, Périclès, Aspasie et le docteur Cigna avec sa perruque.

Je les vis tous s'asseoir sur les sièges encore rangés autour du feu ; Périclès seul resta debout pour lire les gazettes.

« Si les découvertes dont vous me parlez étaient vraies, disait Hippocrate au docteur, et si elles avaient été aussi utiles à la médecine que vous le prétendez, j'aurais vu diminuer le nombre des hommes qui descendent chaque jour dans le royaume sombre, et dont la liste commune, d'après les registres de Minos, que j'ai vérifiés moi– même, est constamment la même qu'autrefois. »

Le docteur Cigna se tourna vers moi : « Vous avez sans doute ouï parler de ces découvertes ? me dit-il ; vous connaissez celle d'Harvey sur la circulation du sang ; celle de l'immortel Spallanzani sur la digestion, dont nous connaissons maintenant tout le mécanisme ? » – Et il fit un long détail de toutes les découvertes qui ont trait à la médecine, et de la foule de remèdes qu'on doit à la chimie ; il fit un discours académique en faveur de la médecine moderne.

« Croirai-je, lui répondis-je alors, que ces grands hommes ignorent tout ce que vous venez de leur dire, et que leur âme, dégagée des entraves de la matière, trouve quelque chose d'obscur dans toute la nature ? – Ah ! quelle est votre erreur ! s'écria le proto-médecin du Péloponnèse ; les mystères de la nature sont cachés aux morts comme aux vivants ; celui qui a créé et qui dirige tout sait lui seul le grand secret auquel les hommes s'efforcent en vain d'atteindre : voilà ce que nous apprenons de certain sur les bords du Styx ; et, croyez-moi, ajouta-t-il en adressant la parole au docteur, dépouillez-vous de ce reste d'esprit de corps que vous avez apporté du séjour des mortels ; et, puisque les travaux de mille générations et toutes les découvertes des hommes n'ont pu allonger d'un seul instant leur existence ; puisque Charon passe chaque jour dans sa barque une égale quantité d'ombres, ne nous fatiguons plus à défendre un art qui, chez les morts où nous sommes, ne serait pas même utile aux médecins. » – Ainsi parla le fameux Hippocrate, à mon grand étonnement.

Le docteur Cigna sourit ; et, comme les esprits ne sauraient se refuser à l'évidence ni taire la vérité, non seulement il fut de l'avis d'Hippocrate, mais il avoue même, en rougissant à la manière des intelligences, qu'il s'en était toujours douté.

Périclès, qui s'était approché de la fenêtre, fit un grand soupir, dont je devinai la cause.

Il lisait un numéro du Moniteur, qui annonçait la décadence des arts et des sciences ; il voyait des savants illustres quitter leurs sublimes spéculations pour inventer de nouveaux crimes ; et il frémissait d'entendre une horde de cannibales se comparer aux héros de la généreuse Grèce, en faisant périr sur l'échafaud, sans honte et sans remords, des vieillards vénérables, des femmes, des enfants, et commettant de sang-froid les crimes les plus atroces et les plus inutiles.

Platon, qui avait écouté sans rien dire notre conversation, la voyant tout à coup terminée d'une manière inattendue, prit la parole à son tour.

« Je conçois, nous dit-il, comment les découvertes qu'ont faites vos grands hommes dans toutes les branches de la physique sont inutiles à la médecine, qui ne pourra jamais changer le cours de la nature qu'aux dépens de la vie des hommes ; mais il n'en sera pas de même sans doute des recherches qu'on a faites sur la politique. Les découvertes de Locke sur la nature de l'esprit humain, l'invention de l'imprimerie, les observations accumulées tirées de l'histoire, tant de livres profonds qui ont répandu la science jusque parmi le peuple ; – tant de merveilles enfin auront sans doute contribué à rendre les hommes meilleurs, et cette république heureuse et sage que j'avais imaginée, et que le siècle dans lequel je vivais m'avait fait regarder comme un songe impraticable, existe sans doute aujourd'hui dans le monde ? »

– À cette demande, l'honnête docteur baissa les yeux, et ne répondit que par ses larmes ; puis, comme il les essuyait avec son mouchoir, il fit involontairement tourner sa perruque, de manière qu'une partie de son visage en fut cachée. – « Dieux immortels, dit Aspasie en poussant un cri perçant, quelle étrange figure ! est-ce donc une découverte de vos grands hommes qui vous a fait imaginer de vous coiffer ainsi avec le crâne d'un autre ? »

Aspasie, que les dissertations des philosophes faisaient bâiller, s'était emparée d'un journal des modes qui était sur la cheminée, et qu'elle feuilletait depuis quelque temps, lorsque la perruque du médecin lui fit faire cette exclamation ; et, comme le siège étroit et chancelant sur lequel elle était assise était fort incommode pour elle, elle avait placé sans façon ses deux jambes nues, ornées de bandelettes, sur la chaise de paille qui se trouvait entre elle et moi, et s'appuyait du coude sur une des larges épaules de Platon.

« Ce n'est point un crâne, lui répondit le docteur en prenant sa perruque et la jetant au feu ! c'est une perruque, mademoiselle, et je ne sais pourquoi je n'ai pas jeté cet ornement ridicule dans les flammes du Tartare lorsque j'arrivai parmi vous : mais les ridicules et les préjugés sont si fort inhérents à notre misérable nature, qu'ils nous suivent encore quelque temps au-delà du tombeau. » – Je prenais un plaisir singulier à voir le docteur abjurer ainsi tout à la fois sa médecine et sa perruque.

« Je vous assure, lui dit Aspasie, que la plupart des coiffures qui sont représentées dans le cahier que je feuillette mériteraient le même sort que la vôtre, tant elles sont extravagantes ! » – La belle Athénienne s'amusait extrêmement à parcourir ces estampes, et s'étonnait avec raison de la variété et de la bizarrerie des ajustements modernes. Une figure entre autres la frappa : c'était celle d'une jeune dame, représentée avec une coiffure des plus élégantes, et qu'Aspasie trouva seulement un peu trop haute ; mais la pièce de gaze qui couvrait la gorge était d'une ampleur si extraordinaire, qu'à peine apercevait-on la moitié du visage... Aspasie, ne sachant pas que ces formes prodigieuses n'étaient que l'ouvrage de l'amidon, ne put s'empêcher de témoigner un étonnement qui aurait redoublé en sens inverse si la gaze eut été transparente.

« Mais apprenez-nous, dit-elle, pourquoi les femmes d'aujourd'hui semblent plutôt avoir des habillements pour se cacher que pour se vêtir : à peine laissent-elles apercevoir leur visage, auquel seul on peut reconnaître leur sexe, tant les formes de leurs corps sont défigurées par les plis bizarres des étoffes ! De toutes les figures qui sont représentées dans ces feuilles, aucune ne laisse à découvert la gorge, les bras et les jambes : comment vos jeunes guerriers n'ont-ils pas tenté de détruire une semblable coutume ? Apparemment, ajouta-t-elle, la vertu des femmes d'aujourd'hui, qui se montre dans tous leurs habillements, surpasse de beaucoup celle de mes contemporaines ? »

En finissant ces mots, Aspasie me regardait et semblait me demander une réponse. – Je feignis de ne m'en pas apercevoir ; – et, pour me donner un air de distraction, je poussai sur la braise, avec les pincettes, les restes de la perruque du docteur, qui avaient échappé à l'incendie. – M'apercevant ensuite qu'une des bandelettes qui serraient le brodequin d'Aspasie était dénouée : « Permettez, lui dis-je, charmante personne ; » – et, en parlant ainsi, je me baissai vivement, portant les mains vers la chaise où je croyais voir ces deux jambes qui firent jadis extravaguer de grands philosophes.

Je suis persuadé que, dans ce moment, je touchais au véritable somnambulisme, car le mouvement dont je parle fut très-réel ; mais Rosine, qui reposait en effet sur la chaise, prit ce mouvement pour elle ; et sautant légèrement dans mes bras, elle replongea dans les enfers les ombres fameuses évoquées par mon habit de voyage.

Charmant pays de l'imagination, toi que l'Être bienfaisant par excellence a livré aux hommes pour les consoler de la réalité, il faut que je te quitte.

C'est aujourd'hui que certaines personnes, dont je dépends, prétendent me rendre ma liberté, comme s'ils me l'avaient enlevée ! comme s'il était en leur pouvoir de me la ravir un seul instant, et de m'empêcher de parcourir à mon gré le vaste espace toujours ouvert devant moi !

– Ils m'ont défendu de parcourir une ville, un point ; mais ils m'ont laissé l'univers entier : l'immensité et l'éternité sont à mes ordres.

C'est aujourd'hui donc que je suis libre, ou plutôt que je vais rentrer dans les fers ! Le joug des affaires va de nouveau peser sur moi ; je ne ferai plus un pas qui ne soit mesuré par la bienséance et le devoir. – Heureux encore si quelque déesse capricieuse ne me fait pas oublier l'un et l'autre, et si j'échappe à cette nouvelle et dangereuse captivité.

Eh ! que ne me laissait-on achever mon voyage ! Était-ce donc pour me punir qu'on m'avait relégué dans ma chambre ? – dans cette contrée délicieuse, qui renferme tous les biens et toutes les richesses du monde ? Autant vaudrait exiler une souris dans un grenier.

Cependant jamais je ne me suis aperçu plus clairement que je suis double. – Pendant que je regrette mes jouissances imaginaires, je me sens consolé par force : une puissance secrète m'entraîne ; elle me dit que j'ai besoin de l'air et du ciel, et que la solitude ressemble à la mort. – Me voilà paré ; – ma porte s'ouvre ; – j'erre sous les spacieux portiques de la rue du Pô ; – mille fantômes agréables voltigent devant mes yeux. – Oui, voilà bien cet hôtel, – cette porte, – cet escalier ; – je tressaille d'avance.

C'est ainsi qu'on éprouve un avant-goût acide, lorsqu'on coupe un citron pour le manger.

Ô ma bête, ma pauvre bête, prends garde à toi !